Rubén Darío
en *El Fígaro* de La Habana,
Escritos desconocidos

Edición, introducción y notas

Jorge Camacho

Rubén Darío

Editorial Acera Norte

Lexington, SC

2017

De la presente edición, 2017:

© Jorge Camacho

© Editorial Acera Norte LLC

aceranorte@gmail.com

Diseño de portada: El dibujo a plumilla de la portada aparece sin nombre en el artículo de Luis Rodríguez Embil "Darío" *El Fígaro*, año. 21, núm. 38, 1905, p. 477.

Corrección y maquetación: Editorial Acera Norte LLC

ISBN: 978-0-692-98340-9

E-mail del editor: camachoj@mailbox.sc.edu

Las fotografías en formato digital de las páginas de *El Fígaro* recogidas en este libro pasarán a integrar el Archivo Rubén Darío Ordenado y Centralizado (AR.DOC) en la Universidad Nacional de Tres de Febrero (Argentina)

http://archivoiiac.untref.edu.ar/index.php/rub-n-dar-o

Agradecimientos

Agradezco a mis colegas y amigos dariístas la ayuda que me brindaron en la terminación de este proyecto. Raymond Skyrme en Toronto, Rodrigo Caresani en Buenos Aires y Günther Schmigalle en Alemania hicieron valiosos comentarios sobre estos textos, que me ayudaron en la selección final. También Avelino Víctor Couceiro Rodríguez en La Habana, Erick Blandón en Missouri, James Novoa en Canadá, Isabel D' Orta en Miami, y Jeffrey Browitt en Australia, respondieron mis preguntas con paciencia y prontitud. A todos, mis mayores agradecimientos.

Columbia, Carolina del Sur, 30 de noviembre de 2017

ÍNDICE DE CONTENIDO

Introducción

En 1867, hace 150 años, nació en Nicaragua Félix Rubén García Sarmiento, alias Rubén Darío, uno de los poetas más importantes de la lengua castellana, a quien le tocó encabezar el movimiento de renovación literaria llamado Modernismo. Durante su carrera de escritor, Darío contribuyó enormemente a la popularidad del movimiento, tanto en España como en Latinoamérica, y sus crónicas y poemas se publicaron en muchos periódicos del continente. Sin embargo, a pesar de los años que han transcurrido desde 1916, algunos de sus escritos en prosa han permanecido en las revistas que los publicaron y son hoy día desconocidos.

Este es el caso de algunos de los que escribió para *El Fígaro* de La Habana, una revista que comenzó su labor dedicándose al deporte, pero pronto se convirtió en una de las publicaciones literarias imprescindibles de Cuba, y junto con *La Habana Elegante*, en un enclave del Modernismo en Hispanoamérica. Como se podrá apreciar por los artículos que envió a la revista, Darío era amigo de muchos cubanos de aquel entonces, y envió crónicas al semanario de Serafín

Pichardo que están entre las mejores que escribió.

Tal es el caso de la crónica que le dedicó a José Joaquín Palma, el autor de *Tinieblas del alma*, donde habla de su estética ácrata, de su deseo de que se respete la individualidad creadora y, que los nuevos poetas como él, que ahora gozaban de fama, recordaran a los que vinieron antes. De ahí, también, sus halagos a otro escritor cubano que fue muy importante en su carrera literaria, Antonio Zambrana y Vásquez, cuyo artículo le promete a Serafín Pichardo en una de las cartas que el editor reproduce en el semanario.

En estas crónicas, Darío aparece como el gran poeta que era, y Pichardo, consciente del valor que tenían sus colaboraciones, publica todo lo que le cae en las manos, lo mismo una nota escrita a la carrera, que unos versos en un álbum, o un fragmento de crónica que halló en otro sitio. Esto explica la cantidad de textos de escritores modernistas que se encuentran reproducidos en muchos periódicos de la época, a veces de forma fragmentada, algo que estos escritores nunca previeron que sucediera.

En el caso de Martí, sus crónicas aparecieron reimpresas, sin su autorización y sin que los editores le pagaran nada, en revistas de países tan distantes como Panamá, México y Argentina.[1] Aun así, los editores no eran los únicos que

---

[1] He trabajado el tema en *El poeta en el Mercado de Nueva York. Nuevas*

reeditaban estos textos, los propios cronistas también reutilizaban parte de su correspondencia y reenviaban sus crónicas, como si fueran nuevas o entremezcladas con otras, a varias revistas del continente.

En el caso de Darío, tal práctica puede verse en los artículos de *El Fígaro* titulados: "Parisiana: nuestra señora de la sonrisa y de la danza," "Saint-Pol-Roux," y su reseña de la novela de Rufino Blanco-Fombona *El hombre de hierro*. El primero de estos artículos está dedicado a Cléo de Mérode, la actriz francesa sobre la cual ya había hablado en *Parisiana* un año antes. Darío comienza esta crónica, "especial para *El Fígaro*," haciendo referencia a la gira que daba la bailarina por España en aquel momento, y después del primer párrafo inserta la crónica que había publicado con anterioridad. Algo similar hace con la reseña del venezolano, de la cual saca dos párrafos y los publica luego en *La Nación* de Buenos Aires, y sucede también con la crónica dedicada al poeta simbolista de la cual usó un fragmento, cuatro años después, al escribir una crónica con el mismo título en *Letras* (1911).

También sucedía que *El Fígaro* publicaba crónicas de Darío que habían aparecido como prólogos a otros libros, o que se habían publicado antes en otro periódico. Este es el caso de "Niñas-prodigios: Carmen D'Assilva y Antonine

---

crónicas de José Martí en el Economista Americano. (Columbia, 2016).

Coullet" que es, en realidad, un fragmento de la que sacó *La Nación*, el 2 de julio de 1903. En la crónica original, Darío habla de estas y de otras adolescentes que se habían distinguido por su temprana frondosidad intelectual. Cita varios poemas de Coullet que prueban su talento y habla de algunos autores que habían escrito sobre el tema, todo lo cual desaparece de la crónica que publicó la revista habanera, que solamente reproduce la primera parte y le da un nuevo título para que fuera con su contenido. En un periódico como *El Fígaro* una crónica así era demasiado larga, y por eso, apareció mutilada. Esto nos indica que estas crónicas pasaban por un intenso proceso de edición, distribución y adaptación, que era típico del periodismo de la época, caracterizado por el flujo de noticias, el intercambio de periódicos, el fácil acceso a la información y la falta de leyes que protegían a los autores. El problema, por supuesto, era que estos autores aspiraban a vivir de su pluma y seguramente debieron sentir frustración cuando veían que distintos periódicos reproducían sus crónicas sin pagarles.

En una de sus cartas a Manuel Mercado, por consiguiente, Martí se queja por el uso que hacían los periódicos de su correspondencia. Le decía a su amigo: "¡Y pasan de veinte los diarios que publican mis cartas, con encomios que me tienen agradecidos, pero todos se sirven gratuitamente de ellas, y como Molière, las toman donde las hallan!" (OC XX, 112). No obstante, Martí, también se aprovechó de esta atmósfera de permisibilidad editorial, ya que él mismo reproducía textos de otras revistas, los traducía al español si estaban en inglés, introducía fragmentos de unas crónicas en otras y, escribía varios artículos sobre el mismo tema. Este proceso, que tiene mucho en común con la técnica del "bricolaje," a la que hizo referencia Levi-Strauss en *The Savage Mind* (1966), vale destacarlo ya que nos permite entender cómo se creaban nuevos arte-factos a partir de otros de una forma fluida, teniendo en mente el mercado hispano y las revistas que publicaban estos artículos.

Con el objetivo, entonces, de contribuir al archivo de Darío y celebrar los 150 años de su nacimiento, he reunido doce textos suyos, publicados en la revista habanera, junto con otro, publicado en el *Mercure de France*, que no aparecieron en sus libros, ni en publicaciones posteriores de su obra.

Estas crónicas se publicaron entre 1892 y 1910, y hablan de diversos temas. Entre ellos, de la cultura francesa y del orientalismo que estaba de moda en su tiempo. Al tratar este último tema en "Parisiana" (1906), Darío asume cierta distancia y aprensión al hablar de los asiáticos, con los cuales se encuentra en las calles de París, mientras que en la crónica titulada "Teatro japonés" muestra su admiración por la cultura nipona. De ahí que en otra publicada, también, en *El Fígaro* en 1892, "Páginas de viaje. Fiestas a bordo" hable del "monicaco oriental" (47) y en "Parisiana" los tilde de "amarillos invasores" (63) de la capital francesa, una idea que repite en su artículo sobre Víctor Hugo, y que borra al sacar su versión final. De estas crónicas, tal vez la más interesante, es la titulada "Teatro japonés" en la cual el nicaragüense cuenta su experiencia después de asistir, junto con Amado Nervo, a una función de teatro en la Exhibición Universal de París.

¿Cómo fue la visita de ambos escritores a la exhibición? y ¿cómo se refleja la estética modernista en estas crónicas que hablan de algo tan efímero y tan alejado de la experiencia cotidiana de ambos? Este texto breve, pero intensamente poético, se destaca por el énfasis en lo exótico y lo extraño, que en efecto, tuvo su gran fiesta en la Francia de 1900, cuando el gobierno galo invitó a todos los países del orbe a que exhibieran allí rasgos de sus culturas para comenzar y celebrar el nuevo milenio.

En pabellones ricamente iluminados y decorados al mejor estilo "Art nouveau," que fue el estilo que dio popularidad al gran evento (Julian, *Art Nouveau* 97), los visitantes podían admirar casi cualquier cosa. Desde una rústica cabaña de Senegal, símbolo del poderío colonial francés en aquel momento, hasta una pagoda japonesa que atraía a los paseantes por su exotismo y curiosidad etnográfica. En uno de esos pabellones, en el teatro de la artista norteamericana Loïe Fuller (1862-1928), Darío vio el espectáculo "más intenso" de su vida, según confiesa en esta crónica, una obra escenificada por la actriz japonesa Sada Yacco. Amado Nervo, quien también se encontraba en la ciudad durante la exhibición, le contaba en una carta a su amigo, el diplomático mexicano Luis Quintanilla, lo siguiente:

> Rubén Darío fue a buscarme el otro día. No me encontró y volvió hasta hallarme. Quería llevarme a comer al restaurant chino y luego revelarme algo divino: a la gran actriz trágica japonesa Sada-Yacco, de la cual habla todo París, y a quien ha ido a ver Sarah Bernhardt para aprehenderle sin duda como se muere en escena. (1143)

Para Nervo, la representación fue también, "la más aclatante revelación de arte que haya recibido en mis días" (1143), y por eso, alabó de igual forma a la actriz japonesa. Y al juzgar por las numerosas reseñas que aparecieron en la prensa sobre el espectáculo, la obra debió haber sido una de los más emocionantes de la exhibición, al extremo que la crónica de Darío parece más un poema que un texto periodístico. Más la impresión de un paisaje onírico, que una reseña de teatro.

¿Quién era entonces Sada Yacco que causó tan buena impresión en los escritores latinoamericanos? Su verdadero nombre era Sadayakko Kawakami. Había nacido en Japón en 1871, y en medio de los cambios políticos y económicos que sacudieron su país a finales del siglo XIX, sus padres empobrecieron y la entregaron de niña a una casa de geishas. Allí creció y sirvió de dama de compañía a personalidades importantes con dinero. Aprendió a leer, a escribir, y a entretener a los hombres en sus ratos de ocio, y aprendió teatro. Fue en condición de actriz que hizo su famosa gira por Chicago, London y París en esta época en que tenía 29 años.

En esta crónica, como en otras que escribió el nicaragüense, abundan las imágenes poéticas, pero sobre todo, la sensación de tener que depender de la vista, los gestos y la música para describir lo que ocurre. En realidad, como dice Rhonda K. Garelick en *Electric Salome: Loie Fuller's Performance of Modernism*, en las obras de teatro que Sada Yacco estrenó en el evento parisino había poco diálogo, en parte porque el idioma era una barrera para que la entendieran. Aun así, Darío se las arregló para captar y trascribir algunas palabras de la función, que copia en su idioma original: "Toko toniaré, toniaré ya…" (377). No traduce estas palabras, ni cree que es necesario hacerlo, porque como dice, apelando directamente al lector: "No entendéis nada y todo lo sabéis. Porque la luz suprema de esas pupilas maravillosas nos descubren abismos de cosas imposibles…"(377).

En otras palabras, Darío se queda con los gestos y la melopea, y no con lo que dicen los actores, porque como sabemos, Darío no sabía japonés, y cualquier cosa que haya oído de los labios de Sada Yacco podía significar muchas cosas. Simplemente, podía no tener sentido. Así la palabra "toko" significa en japonés "cama," pero puede también referirse a otro objeto ya que en este idioma hay muchas palabras homófonas, y si no tenemos los caracteres originales no podemos saber qué quiso decir la actriz japonesa. Lo más probable es que nunca podamos saberlo, lo cual nos da una idea de los filtros sinuosos que tuvieron que atravesar el nicaragüense y el resto de los espectadores para hacerse una idea del drama. De lo que sí podemos estar seguros, no obstante, es de la impresión tan honda que la actriz causó en Darío, ya que seis años después, en 1906, cuando escribió el prólogo al libro de Enrique Gómez Carrillo, *De Marsella a Tokio*, habla nuevamente de ella, y afirma que comprendió mejor aquel país cuando vio su función y se despertó en él algo nuevo y extraño:

> las representaciones de Sada Yacco... ¡Sada Yacco! En una luz extraña, a son del samisén, me fue revelada como un número distinto, como una existencia desconocida. Un sentido nuevo se despertó en mí. En gestos y en sones, con sables y máscaras, con pasos bizarros y modos inauditos, tuve despierto las sensaciones inexplicables del ensueño. (xii)

A pesar de esto, como dice Downer en *Madame Sadayakko*, los japoneses estaban muy preocupados con la forma en que las obras de la actriz se representaban e interpretaban en Occidente, porque entendían que el público se haría una idea del Japón a través de ellas, y pensarían que este era el "auténtico teatro japonés" (178). La realidad era otra, ya que cuando el periódico *Yomiuri* mandó a París al periodista e intelectual nipón Beisai Kubota para que hiciera una reseña de "La Geisha y el caballero," su decepción fue total. Decía que era "una absurda mezcolanza de trajes y diálogos incomprensibles," que no había casi conversación, y se dejaba el mayor tiempo a la danza y a las peleas (cit. en Downer 178).

No extraña, entonces, que a pesar de haber sentido tanta admiración por la actriz, Darío nunca nos diga cómo se llamaba la obra, ni nos cuente su argumento. Sabemos, por sus biógrafos, que Sada Yacco dio en París un total de 369 funciones en el teatro de Loïe Fuller y, que puso en escena cuatro obras: "La Geisha y el Caballero," "Kesa, la esposa fiel," "Takanori," y "Zingoro," y de todas ellas la más popular y la que más se representó fue la primera, que se llevó a las tablas un total de 218 veces (Downer 179).

Es posible, por tanto, que esta haya sido la obra que Darío vio, porque como digo, el nicaragüense pasa por alto estos detalles y nos da su propia impresión del espectáculo. Por consiguiente, no es una crónica que trata de explicarnos el "teatro japonés," sino de hacernos partícipe de una experiencia que él solamente podía comparar con el "ensueño," ese estado intermedio entre la realidad y la fantasía, entre la racionalidad de la vida diurna y el sinsentido que sobreviene cuando nos abandona la razón. Su crónica, por tanto, muestra al mismo tiempo, la incapacidad del poeta en acceder al argumento de la obra a través de la lengua, y el triunfo de la impresión sobre la racionalidad. Con la impresión y el lenguaje poético, Darío suple el déficit que los signos lingüísticos no le pueden dar. En tal caso la emoción y la experiencia triunfan sobre el intelecto, como el estado de ensueño triunfa sobre la vigilia. De esto se desprende el lenguaje impresionista que usa y la mezcla de colores en las descripciones de las escenas, parecidas a las narraciones de Pierre Loti y las aguafuertes de los hermanos Goncourt. Darío habla en esta crónica del rojo de los labios de Sada Yacco, de sus manos de color amarillo "como las de las magnolias" y del azul del mar.

Dos cosas contribuyeron a crear esta experiencia única. La primera, como ya dijimos, fue el exotismo de la representación y la otra, la puesta en escena en aquel teatro, que tenía de empresaria y directora a la "yanquee-parisiense" Loïe Fuller, quien nacida en Illinois, se convirtió en una de las actrices más famosas de Francia.

La crítica de la vanguardia europea y norteamericana tienen a Fuller como un personaje fundamental en el desarrollo de las artes escénicas de principios del siglo XX, ya que como dice Rhonda Garelick, Fuller se distinguió por montar obras de teatro que electrizaban al público, combinando pantomimas, químicos fosforescentes, luces eléctricas y telas multicolores. En sus actuaciones, Fuller usaba telas largas, por dentro de las cuales ponía una varilla que le permitía moverlas en diferentes direcciones y crear figuras parecidas a mariposas, serpientes y paisajes.[2]

En su crónica, Darío asegura que vio la función en el teatro de Fuller, y además, deja entrever que también fue a ver el espectáculo de la empresaria norteamericana, ya que dice "no se trata de la danza curiosa de esa yankee-parisiense. Se trata de teatro japonés" (377). El calificativo de "curiosa," por consiguiente, podía parecer algo superficial en este contexto, aunque definitivamente sus obras no lo eran, y al lado de la danza de Sada Yacco, la suya pudiera parecer de menor calidad. Lo cierto es que Fuller tuvo mucho que ver con el éxito y la puesta en escena de las obras de la actriz japonesa, llegando incluso a cambiar el final de una de ellas, al pedirle que incluyera sangre en sus actuaciones. Esto a pesar

---

[2] Para que se tenga una idea mejor del espectáculo de Loïe Fuller, puede verse este video, filmado en 1905.

https://www.youtube.com/watch?v=Dda-BXNvVkQ

de que una de estas obras ("Kelsa, o la esposa fiel") era un drama histórico que no se suponía que terminara en un "harakiri" por "honor" a la mujer, cosa además impensable en el Japón de aquella época. No obstante, fue este final tan dramático el que más admiraron los franceses, y desde entonces, el harakiri entró a formar parte de la imaginación occidental.

Estos cambios en la puesta en escena, junto con lo "absurdo de la mezcolanza de trajes, y diálogos incomprensibles" como decía Beisai Kubota, nos dicen que la representación del Japón en estas obras y en las reseñas que se publicaron sobre el espectáculo --incluyendo la de Darío-- pasan por la mirada occidental que enfatiza las escenas de violencia, erotismo y tragedia del Oriente, siendo al final un constructo de nuestra propia imaginación, una especie de bricolaje en que confluyen la idea del Japón y la idealización del Otro.[3] En consecuencia, la obra de teatro abunda en escenas de pelea, y la geisha muere al final escenificando otro harakiri, tan realista que Amado Nervo dice que Sarah Bernhardt, la actriz francesa más famosa de aquel momento, había ido allí a "aprehender como se muere en escena" (1143).

---

[3] Para una discusión del Oriente en la cultura europea, véase el libro clásico de Edward W. Said. *Orientalism* (London: Routledge & Kegan Paul, 1978)

Darío, quien estaba muy interesado en la cultura asiática en general, como lo demuestra la profusión de chinerías y japonerías en su obra, debió estar muy atento a estas pulsiones de lo extraño, de lo exótico y de lo fúnebre. Más aun, cuando parece que la misma obra le dio pie para mostrar su curiosidad etnográfica, ya que como sostiene, las escenas que había visto en el teatro parisino podían haber ocurrido en muchas otras culturas "primitivas" de Asia y América como Grecia, Soloma,[4] Atlántida o Palenke.

Al establecer tales coincidencias, con regiones lejanas y hasta míticas como la Atlántida, Darío hacía lo común en el discurso etnográfico de la época: trasladaba a los sujetos que veía a otro tiempo pre-moderno, los llevaba a la antigüedad, negándoles el momento histórico que compartía con él.[5] Su percepción de la tragedia tal parece que toma la obra de arte como la representación real de una época y de un lugar que no estaba mediado por la mirada orientalista o por el exotismo decimonónico. Nervo, en cambio, sí parece estar muy consciente de que todo en la Exhibición de París, era una representación, un teatro, que pasaba por el fino tamiz de

[4] Tal vez Darío se esté refiriendo a San Pedro Soloma en Guatemala, un enclave precolombino.

[5] Para el uso del tiempo en el discurso antropológico véase el libro de Johannes Fabian *Time and the other: how anthropology makes its object*. (New York: Columbia University Press, 1983).

la curiosidad europea.

En las crónicas que Nervo escribió sobre la misma exhibición y, recogió más tarde en "Crónicas de Viaje," apunta que la nota sobresaliente del evento fue el "exotismo". Habla de los diferentes pabellones: el español, el húngaro y el egipcio como si fueran postales, y titula una de sus crónicas: "Los exotismos de París," fechándola el mismo mes en que Darío escribió la suya para la revista habanera. No contento con esto, al mes siguiente el mexicano publica otro artículo: "La Indochina en la exposición de París," que subtitula con tres palabras "rareza, mucha rareza!" (OC I, 1410). En todos los casos, Nervo parece muy consciente del carácter ficticio de estas funciones, del simulacro que implicaban los distintos shows que veía en las calles de la ciudad, y a diferencia de él, Darío parece tomar estas representaciones por lo que parecían que eran, no por lo que aspiraban a ser. No hay un intento arqueológico ni etnográfico detrás de las palabras del mexicano.

Para resumir entonces, la labor de Darío en *El Fígaro* fue larga. Comenzó en julio de 1892 cuando estuvo de paso por La Habana y dio a la revista sus dos "Sonetitos" que incluyó en *Prosas profanas* (1896-1901) bajo los títulos de "Para una cubana" y "Para la misma," y terminó solo con su muerte. Darío visitó Cuba en cuatro ocasiones, dos veces en 1902 y otras tantas en 1910,[6] pero tuvo allí excelentes amigos que lo admiraban, reproducían sus textos, le mandaban sus libros y él, a cambio, les mandaba saludos y escribía artículos "especialmente para *El Fígaro*," *La Habana Elegante* y *La Habana literaria*.

La mayoría de los poemas y cuentos que envió a estas revistas fueron recogidos por el poeta Regino Boti a principios del siglo XX y otros de *El Fígaro* ya han aparecido en publicaciones especializadas. En este libro reúno los que quedaron en sus páginas, aunque seguramente no hemos recogido todos porque la colección de la revista que tenemos está incompleta. De todas formas, doy una lista de los textos que Darío sacó en el semanario de Pichardo, para lo cual me apoyo en la bibliografía que preparó Fermín Peraza y en la que publicó más tarde Francisco Mota, quien no parece haber consultado la primera de estas dos. A estas listas he agregado las entradas bibliográficas que yo mismo he encontrado al revisar estos volúmenes, junto con breves comentarios indicando publicaciones posteriores, errores o inexistencias, porque como dice el propio Mota "este tipo de investigación, como puede comprenderse, tampoco resulta fácil. Ni es

---

[6] Para la estancia de Darío en la Habana en 1910, véase el artículo de Erick Blandón "Rubén Darío, espectador y náufrago de los ciclones de 1910" *La Habana Elegante* 50 (otoño-invierno 2011). También el ensayo de Ángel Augier *Cuba y Rubén Darío* (La Habana, 1968)

posible llegar a un grado exhaustivo en su realización" (198). Esperamos, entonces, que los textos que publicamos aquí nos ayuden a conocer mejor a uno de los poetas más importantes de la lengua castellana, y que algún día podamos terminar de recoger todos los que publicó en Cuba

Antes de terminar esta introducción quiero aclarar que el último artículo que incluyo en esta compilación no apareció en *El Fígaro*, sino en la revista: el *Mercure de France*. Lo añado a esta colección porque tampoco aparece en ninguno de los libros que publicó Darío o aparecieron después de su muerte con sus obras y, es un texto que merece guardarse. Es una carta del nicaragüense dirigida a Alfred Vallette (1858–1935), el editor de la revista, agregando algunos puntos a un comentario que este había hecho sobre el diario *La Nación* de Buenos Aires. En aquella época el *Mercure de France* reunía una pléyade de escritores simbolistas muy importantes, algunos de los cuales Darío menciona en su carta, y que fueron imprescindibles en el desarrollo del Modernismo.

Sabíamos por Raymond Skyrme, que en 1903 esta revista había sacado un artículo de Darío, publicado antes en *La Nación*, sobre el libro de Max Nordau *Entartung* (1902). La crónica llevaba el nombre de "La France jugée à l'étranger" y había sido traducida al francés por Lucile Dubois, quien era amiga del poeta. No sabíamos, sin embargo, que el nicaragüense le había enviado, también, una carta en francés al editor de la revista, encomiando el periódico argentino y subrayando su importancia para los escritores hispanoamericanos. A los artículos de *El Fígaro* que reúno aquí por primera vez, agrego entonces esta carta, traducida por mí, que puede servirnos en el futuro para continuar la pesquisa de lo "dariano" en esta publicación francesa.

Obras citadas:

Augier, Ángel. *Cuba y Rubén Darío*. La Habana: Instituto de Literatura y Lingüística, 1968.

Blandón, Erick. "Rubén Darío, espectador y náufrago de los ciclones de 1910." *La Habana Elegante*, 50 otoño-invierno 2011.

Boti, Regino. *Hipsipilas*. Poesías raras recogidas y ordenadas por el Dr. Regino E. Boti, con prólogo y notas. La Habana : Impr. "El Siglo XX", 1920.

____.*Rubén Darío. Tributo de Cuba a su memoria*. El árbol del Rey David. Prosas raras recogidas y ordenadas por el Dr. Regino E. Boti. La Habana: Imprenta "El Siglo XX," 1920-21.

Camacho, Jorge. *El poeta en el Mercado de Nueva York. Nuevas crónicas de José Martí en el Economista Americano*. Columbia: Caligrama, 2016.

Darío, Rubén. "Teatro japonés" *El Fígaro. Periódico literario y artístico*. 19 de agosto de 1900, pp. 377-378.

____. *Obras completas*. 5 vols. Madrid: Afrodisio Aguado, 1950.

____. *Poesía*. Prólogo. Ángel Rama. Edición Ernesto Mejía

Sánchez. Cronología Julio Valle-Castillo. Caracas:
Biblioteca Ayacucho, 1977.

___. *Crónicas desconocidas*. Edición crítica, introducción y notas
de Günther Schmigalle. Berlin: Edition tranvía;
Managua: Academia Nicaragüense de la Lengua, 2006.

___. *Escritos dispersos de Rubén Darío: (Recogidos de periódicos de
Buenos Aires)*. Estudio preliminar, recopilación y notas
de Pedro Luis Barcia. La Plata: Universidad Nacional
de la Plata, 1968.

___. "Une lettre de M. Rubén Darío." *Mercure de France*
(Abril/Junio 1901), pp. 283-284

___. "La France jugée à l'étranger," (traducido por Lucile
Dubois) *Mercure de France* (Dic. 1903), p. 850

Downer, Leslie. *Madame Sadayakko The Geisha Who Bewitched
the West*. New York: Gotham Books, 2003.

Fabian, Johannes. *Time and the other: how anthropology makes its
object*. New York: Columbia University Press, 1983.

Garelick, Rhonda K. *Electric Salome: Loie Fuller's Performance of
Modernism*. Princeton: Princeton University Press,
2007.

Hokenson, Jan. *Japan, France, and East-West Aesthetics: French*

Literature, 1867-2000. Madison: Fairleigh Dickinson
Univ. Press, 2004.

Lévi-Strauss, C. *The Savage Mind*. Chicago: University of
Chicago Press, 1966.

Martí, José. *Obras Completas*. 28 vols. La Habana: Editorial
Nacional de Cuba, 1963-75.

Mota, Francisco. "Ensayo de una bibliografía cubana de y
sobre Rubén Darío." *Cuba y Rubén Darío*. Ángel
Augier. La Habana: Instituto de Literatura y
Lingüística, 1968, pp. 197-220.

Nervo, Amado. "La Dispersión." *El Fígaro. Periódico literario y
artístico*. 2 Diciembre 1900, pp. 545-546.

___."Cartas a Luis Quintanilla. Carta XI." *Obras completas*.
Vol. 2. Madrid: Aguilar, 1956, pp. 1143-1144.

Peraza, Fermín. *Índice de El Fígaro*. 3 vols. La Habana:
Ediciones Anuario bibliográfico cubano, 1945-48.

Said, Edward W. *Orientalism*. London: Routledge & Kegan
Paul, 1978.

Skyrme, Raymond. "The Pythagorean Vision of Rubén Darío
in 'La tortuga de oro.'" *Comparative Literature Studies*,
vol. 11, no. 3, sept 1974, pp. 233-248

Índice comentado de las publicaciones de Rubén Darío en *El Fígaro*

"Sonetitos" *El Fígaro*, año. 8, núm. 26, 1892, p. 2

"La ninfa, cuento parisiense" *El Fígaro*, año. 8, núm. 24, 1892, p. 3

"Páginas de viaje. Fiestas a bordo" *El Fígaro*, año. 8, núm. 26, 1892, p. 6-7

"El velo de la reina Mab" *El Fígaro*, año. 8, núm. 28, 1892, p. 3

"Los centauros. Bajo relieve" *El Fígaro*, año. 8, núm. 30, 1892, p. 2; poema publicado bajo el título "Palimpsesto"

"La canción del oro" *El Fígaro*, año. 8, núm. 35, 1892, p. 3

"A Colón" *El Fígaro*, año. 8, núm. 37, 1892, p. 3

"Canciones españolas. A la seguidilla" *El Fígaro*, año. 8, núm. 39, 1892, p. 3

"En el mar. Pequeño poema en prosa" *El Fígaro*, año. 8, núm. 40, 1892, p. 10

"En el álbum de la señorita Cristina Díaz Granados" *El Fígaro*, año. 8, núm. 43, 1892, p. 3

"Canción en el océano. Crónica de viaje" *El Fígaro*, año. 8, núm. 43 1892, pp. 6-7

"La reina Amelia de Portugal. Esta era una reina..." *El Fígaro*, año. 9, núm. 1, 1893, p. 2

"Una visita a Núñez de Arce" *El Fígaro*, año. 9, núm. 6, 1893, pp. 74-75

"Stella. Elegía" *El Fígaro*, año. 9, núm. 31, 1893, p. 374

"A Carlos A. Imendia. *El Fígaro*, año. 9, núm. 39, 1893, p. 470

"En un álbum" *El Fígaro*, año. 9, núm. 41, 1893, p. 498

"Canciones de España. A Goya" *El Fígaro*, año. 9-10, núm. 5, 1893, p. 66

"Cuba literaria. Lola Rodríguez de Tió" *El Fígaro*, año. 10, núm. 14, 1894, p. 193

"Era un aire suave...' *El Fígaro*, año. 10, núm. 16, 1894, p. 218

"Febea" *El Fígaro*, año. 10, núm. 18, 1894, p. 253

"Caso" *El Fígaro*, año 10, núm. 21, 1894, p. 294

"Las lágrimas del centauro" *El Fígaro*, año. 10, núm. 22, 1894, p. 308

"Sensaciones literarias. Recuerdos de Zorrilla" *El Fígaro*, año. 10, núm. 27, 1894, p. 377

"La balada del rebaño de Hugo" *El Fígaro*, año. 10, núm. 29, 1894, p. 394

"La seguidilla" *El Fígaro*, año. 10, núm. 35, 1894, p. 473

"Fugitiva" *El Fígaro*, año. 11, núm. 22, 1895, p. 296

"¿Dónde estás?" *El Fígaro*, año. 12, núm. 24, 1896, p. 278

"Páginas de arte" *El Fígaro* año. 12, núm. 34, 1896, p. 400-401

"Del libro de los ídolos. Los caciques tutecotzimi" *El Fígaro*, año. 12, núm. 40, 1896, p. 478

"En el mar." *El Fígaro*, año. 13, núm. 3, 1897, p. 27

"La kiepsidra" La extracción de la idea." *El Fígaro*, año. 13, núm. 6, 1897, p. 65

"Sor Filomela" *El Fígaro*, año. 13, núm. 9, 1897, p. 106

"Abrojos" *El Fígaro*, año. 13, núm. 13, 1897, p. 163

"Rimas" *El Fígaro*, año. 13, núm. 47, 1897, p. 582

"La leyenda del poeta Leopoldo Díaz" *El Fígaro. Periódico literario y artístico* año. 16, núm. 16-18, 1900, p. 221

"A Salvador Diaz Mirón" *El Fígaro. Periódico literario y artístico* año. 16, núm. 19, 1900, p. 237

"Cosas del Cid" *El Fígaro. Periódico literario y artístico* año. 16, núm. 20, 1900, p. 243

"Teatro japonés" *El Fígaro. Periódico literario y artístico*, año. 16, núm. 31, 1900, pp. 377-378

"E. Gómez Carrillo" *El Fígaro. Periódico literario y artístico,* año. 17, núm. 15, 1901, p. 166-68; prólogo al libro de Carrillo: *Del amor, del dolor y del vicio*

"Rima" *El Fígaro. Periódico literario y artístico*, año. 17, núm. 20, 1901, p. 228

"Al Pasar" *El Fígaro. Periódico literario y artístico*, año. 17, núm. 23, 1901, p. 258

"Los ojos negros de Julia" *El Fígaro. Periódico literario y artístico*, año. 17, núm. 31, 1901, p. 363

"Del Trópico" *El Fígaro. Periódico literario y artístico*, año. 17, núm. 37, 1901, p. 431

"Caso" *El Fígaro. Periódico literario y artístico*, año. 17, núm. 44, 1901, p. 519

"Prólogo" *El Fígaro. Periódico literario y artístico*, año. 18, núm. 2,

1903, p. 519; libro *Tinieblas del Alma* de José Joaquín Palma

" ¡Adios! ¡Adios!" *El Fígaro. Periódico literario y artístico*, año. 13, núm. 4, 1902, p. 46

"Cake-Walk" *El Fígaro. Periódico literario y artístico*, año. 19, núm. 30, 1903, p. 375

"Niñas prodigios: Carmen D' Assilva y Antonine Coullet" *El Fígaro. Periódico literario y artístico*, año. 19, núm. 45, 1903, p. 555

"Tu pañuelo" *El Fígaro. Periódico literario y artístico*, año. 20, núm. 1, 1904, p. 14

"A Roosevelt" *El Fígaro. Periódico literario y artístico*, año. 20, núm. 12, 1904, p. 145

"Eugenio Garzón en el *Fígaro* de París" *El Fígaro. Revista Universal Ilustrada*, año 20, núm. 36, 1904, p. 464

"A Colón" *El Fígaro. Periódico literario y artístico*, año. 20, núm. 41, 1904, p. 522

"Waterloo" *El Fígaro. Revista Universal Ilustrada*, año. 20, núm. 41, 1904, p. 522; se publica en la primera página del semanario una fotografía de Darío

"A Cervantes" *El Fígaro. Revista Universal Ilustrada*, año. 20, núm. 43, 1904, p. 552

"Melancólica sinfonía" *El Fígaro. Revista Universal Ilustrada*, año. 21, núm. 18, 1905, p. 218; prólogo del nuevo libro de Martínez Sierra *Teatro de ensueño*)

"La mentalidad española. Azorín". *El Fígaro. Revista Universal Ilustrada*, año. 21, núm. 40, 1905, p. 486; esta crónica fue dada a conocer por José Luis Cano en "Rubén Darío visto por 'Azorín'" *Cuadernos Hispanoamericanos*, núm. 212-213 (agosto-septiembre 1967), pp. 453-459

"Poetas nuevos de España. Ramón Pérez de Ayala" *El Fígaro. Revista Universal Ilustrada*, año. 21, núm. 43, 1905, p. 520

"Parisiana" *El Fígaro. Revista Universal Ilustrada*, año. 22, núm. 10, 1906, p. 132; errata del título en la bibliografía de Fermín Peraza y Francisco Mota

"De Marsella a Tokio" *El Fígaro. Revista Universal Ilustrada*, año. 22, núm. 12, 1906, p. 160; fragmento del prólogo del libro *De Marsella a Tokio* de Gómez Carrillo

"Preludio" Para el libro "Alma América" *El Fígaro. Revista Universal Ilustrada*, año. 22, núm. 14, 1906, p. 185; libro de José Santos Chocano

"Parisiana. Nuestra Señora de la Sonrisa y de la Danza" *El Fígaro. Revista Universal Ilustrada*, año. 22, núm. 15, junio de 1906, p. 190; esta crónica se conoce con el título de "Cleo de Mérode, nuestra señora de la sonrisa y de la danza" y también se publicó en la *Revista Moderna de México* (nov. 1906), pp. 154-156 (OC I, 719-724); no aparece en la bibliografía de Fermín Peraza, ni de Francisco Mota

"Parisiana. El nido…. del águila" *El Fígaro. Revista Universal Ilustrada*, año. 22, núm. 25, junio de 1906, p. 322; no aparece en la bibliografía de Fermín Peraza ni de Francisco Mota

"Parisiana, un escultor mejicano" *El Fígaro. Revista Universal Ilustrada*, año. 22, núm. 27 , 1906, p. 1; no aparece en la bibliografía de Fermín Peraza ni de Francisco Mota

"J. J. Palma" *El Fígaro. Revista Universal Ilustrada*, año. 22, núm. 29, 1906, p. 369; no aparece en la bibliografía de Francisco Mota

"De *El Canto errante*. Próximo libro de poesías de Rubén Darío" *El Fígaro. Revista Universal Ilustrada*, año. 23, núm. 3, 1906, p. 26; se publicó con el título de "Hondas" en *El Canto errante*. Está dedicado en *El Fígaro* "A Pichardo."

"Poniente" *El Fígaro. Revista Universal Ilustrada*, año. 23 núm. 4, 1907, p. 1; en *El Fígaro* se lee "Palma de Mallorca MCMVI, y fue publicado más tarde con el título de "Vésper"

"La canción de los Pinos" *El Fígaro. Revista Universal Ilustrada*, año. 23, núm. 7, 1907, p. 74; dedicada en *El Fígaro* a Roberto J. Payró

"Luis Bonafoux. A propósito de su último libro" *El Fígaro. Revista Universal Ilustrada*, año. 23 núm. 20, 1907, p. 232

"'El hombre de hierro' por R. Blanco-Fombona" *El Fígaro. Revista Universal Ilustrada*, año. 23, núm. 24. 1907, p. 280; Blanco Fombona publicó esta reseña como un apéndice de su libro en una edición posterior, *El hombre de hierro: novelín.* París: Garnier hermanos [1918], pp. 275-278

"Pichardo" *El Fígaro. Revista Universal Ilustrada*, año. 23, núm. 24, 1907, p. 282; no aparece en la bibliografía de Fermín Peraza, ni de Francisco Mota

"A un pintor" *El Fígaro. Revista Universal Ilustrada*, año. 23, núm. 33, 1907, p. 406; publicado con ese título en *El Canto errante*

"Saint-Pol-Roux" al Conde Kostia *El Fígaro. Revista Universal Ilustrada*, año. 23, núm. 36, 1907, pp. 441-42

"Pichardo. Querido amigo y poeta" *El Fígaro. Revista Universal Ilustrada*, año. 23, núm. 36, 1907, p. 442; no aparece en la bibliografía de Fermín Peraza ni de Francisco Mota, pero fue reproducido por Alberto Ghiraldo en *El Archivo de Rubén Darío*. (Editorial Losada: Buenos Aires, 1943), pp. 451

"Jean Orth y Eugenio Garzón" *El Fígaro. Revista Universal Ilustrada*, año. 23, núm. 38, 1907, p. 467

"Metempsicosis" *El Fígaro. Revista Universal Ilustrada*, año. 23, núm. 44, 1907, p. 540; publicado en *El Canto errante*

"Para Alice de Bolaños 'En un abanico'" *Fígaro. Revista Universal Ilustrada*, año. 24, núm. 19, 1908, p. 258

"Cuento a Margarita de Bayle" *Fígaro. Revista Unival Ilustrada*, año. 24, núm. 31, 1908, p. 402; poema fechado en "Madrid, julio de 1908"

"Fragmento del 'Poema del Otoño'" *Fígaro. Revista Universal Ilustrada*, año. 24, núm. 37, 1908, p. 477; se incluye una foto de Darío como ilustración del poema

"'El clavicordio de la abuela,' a Julián del Casal" *Fígaro. Revista*

Universal Ilustrada, año. 24, núm. 43, 1908, p. 548

"A Carrasquilla Mallarino" *Fígaro. Revista Universal Ilustrada,*
año. 25, núm. 7, 1909, p. 84

"En el trópico" *Fígaro. Revista Universal Ilustrada*, año. 25, núm.
12, 1909, p. 150; se incluye con el número II el poema
"Raza," ambos fechados en Nicaragua en 1908

"Poetas de España. Antonio de Zayas" *Fígaro. Revista Universal
Ilustrada*, año. 25, núm. 14, 1909, p. 177

"Por fin se acercó…" *Fígaro. Revista Universal Ilustrada*, año.
25, núm. 19, 1909, p. 244; fragmento sin título de
"Palomas blancas y garzas morenas"

"Caupolicán" *Fígaro. Revista Universal Ilustrada*, año. 26, núm.
5, 1909, p. 50

"En la Corte de España. Fiesta de poetas" *Fígaro. Revista
Universal Ilustrada*, año. 26, núm. 16, 1910, p. 181; este
artículo lo menciona Francisco Mota como escrito
por Darío, sin embargo no está firmado por nadie en
la revista. Está acompañado de dos fotos del
nicaragüense, una vistiendo su traje de embajador y la
otra sentado en una mesa junto con Amado Nervo y
Manuel Serafín Pichardo

"Recuerdo de Querol" *Fígaro. Revista Universal Ilustrada*, año. 26, núm. 14, 1910, p. 162

"La admirable ocurrencia de Farrals" *Fígaro. Revista Universal Ilustrada*, año. 26, núm. 37, 1910, p. 459

"La larva" *Fígaro. Revista Universal Ilustrada*, año 26, núm. 42, 1910, p. 530

"Visita a Casal" *Fígaro. Revista Universal Ilustrada*, año. 26, núm. 44, 1910, p. 558

"Un gran pintor mexicano: Ramos Martínez "*Fígaro. Revista Universal Ilustrada*, año. 26, núm. 46, 1910, p. 586; se publicó con el mismo título en la *Revista Moderna de México*, nov 1910, pp. 186-187

"Figuras de América. Manuel Gondra, nuevo presidente de Paraguay" *Fígaro. Revista Universal Ilustrada*, año. 26, núm. 50, 1910, p. 655

"Films de la Corte. Proveedores de alegría" *Fígaro. Revista Universal Ilustrada*, año 27, núm. 1 , 1911, p. 3

"Diplomáticos poetas: Fontoura Xavier" *Fígaro. Revista Universal Ilustrada*, año. 27, núm. 14, 1911, p. 46

"Chile intelectual: Francisco Contreras" *Fígaro. Revista Universal Ilustrada*, año. 27, núm. 14, 1911, p. 214

"Quien nos brinda" *Fígaro. Revista Universal Ilustrada*, año. 27, núm. 24, 1911, p. 374

"Cantaba el ruiseñor" *Fígaro. Revista Universal Ilustrada*, año. 27, núm. 28, 1911, p. 424

"Primavera apolínea" *Fígaro. Revista Universal Ilustrada*, año. 27, núm. 40, 1911, p. 594

"La niña Ana Margarida Da Fontoura Xavier, hija del ex-ministro de Brasil en Cuba" *Fígaro. Revista Universal Ilustrada*, año. 28, núm. 2. 1912, p. 18

"Aurora Cáceres" *Fígaro. Revista Universal Ilustrada*, año 28, núm. 36, 1912, p. 526

"Oda a la Francia" *Fígaro. Revista Universal Ilustrada*, año. 30, núm. 40-41, 1914, p. 475

"La guerra" *Fígaro. Revista Universal Ilustrada*, año. 31, núm. 6, 1915, p. 81

"La gran cosmópolis: Meditaciones de la madrugada" *Fígaro. Revista Universal Ilustrada*, año. 31, núm. 11, 1915, p. 151

"Sol del domingo" *Fígaro. Revista Universal Ilustrada*, año. 31, núm. 52, 1915, p. 912

"Vida espiritual dominicana" *Fígaro. Revista Universal Ilustrada*, año. 32, núm. 3, 1916, p. 71-73; Darío publicó este ensayo como prólogo al libro de Tulio M. Cestero *Hombres y piedras; al margen del Baedeker* (1915)

"Poema a Carmencita" *Fígaro. Revista Universal Ilustrada*, año. 32, núm. 5, 1916, p. 131

"Blasón" *Fígaro. Revista Universal Ilustrada*, año. 32, núm. 7, 1916, p. 195

"Para una cubana" *Fígaro. Revista Universal Ilustrada*, año. 32, núm. 7, 1916, p. 222

"La obra de arte de un español: Goyescas" *Fígaro. Revista Universal Ilustrada*, año. 32, núm. 9, 1916, p. 260; este artículo lo mencionan Fermín Peraza y Francisco Mota en sus bibliografías como escrito por Darío, pero no lo escribió él, sino François G. de Cisneros, un escritor cubano

"La locura de la guerra" *Fígaro. Revista Universal Ilustrada*, año 32, núm. 11, 1916, p. 326

"Roma" *Fígaro. Revista Universal Ilustrada*, año. 32, núm. 15, 1916, p. 476

"De la vida literaria. Una autobiografía ignorada de Rubén

Darío" *Fígaro. Revista Universal Ilustrada,* año. 33, núm. 16, 1917, p. 230

"De la vida literaria: El poeta Pérez de Ayala" *Fígaro. Revista Universal Ilustrada,* año. 34, núm. 41, 1917, p. 687

"La Victoria de Samotracia" *Fígaro. Revista Universal Ilustrada,* año. 34, núm. 46, 1917, p. 929

"Páginas inéditas de Rubén Darío. A un nicaragüense" *Fígaro. Revista Universal Ilustrada,* año. 35, núm. 20-21, 1917, p. 586

"Brilla en tu alma" *Fígaro. Revista Universal Ilustrada,* año. 35, núm. 20-21, 1918, p. 586

"Manuel Serafín Pichardo" *El Fígaro. Revista Universal Ilustrada* año. 35, núm. 20-21, 1918, p. 586

"La República Oriental del Uruguay" *Fígaro. Revista Universal Ilustrada,* año. 35, núm. 33, 1918, p. 995

"Roma" *Fígaro. Revista Universal Ilustrada,* año. 38, núm. 4, 1921, p. 54

"A Maldonado" *Fígaro. Revista Universal Ilustrada,* año 40, núm. 13, 1923, p. 178

"La lora" *Fígaro. Revista Universal Ilustrada,* año. 40, núm. 13,

1923, p. 178

"Menéndez" *Fígaro. Revista Universal Ilustrada,* año. 41, núm. 10, 1924, p. 259

"Epístola de Darío a Jaimes Freyre" *Fígaro. Revista Universal Ilustrada,* año. 46, núm. 3, 1929, p. 149

PÁGINAS DE VIAJE. FIESTAS A BORDO

27 de junio. Frente a las costas del Salvador.[7] En el vapor Barracouta, de la P.M.S.S.C, capitán Mc Charthy Passmore,[8] lo que se llama un bravo y bizarro hombre de mar. Las nueve y media de la noche.

Eran como doce chilenos; había además algunos peruanos. Todos trabajadores, empleados a bordo; lejos de sus países. Había pasado un chubasco. Todos estaban en una alegre y expansiva confraternidad. Se hallaban reunidos a un lado del barco, cerca del portalón de la bodega. Me acerqué a ellos, llevado por mi apego a las gentes del Sur. Cuando yo

---

[7] En el mes de mayo de 1889 Rubén Darío se encontraba en El Salvador al frente del periódico *La Unión*. Un mes después, el 27 de junio sale para Guatemala. *El Fígaro* publicó este artículo en julio de 1892, la fecha en que Darío iba camino a España con motivo del IV Centenario del descubrimiento de América.

[8] El apellido del capitán del vapor traducido al español es "pasa más", lo que pudo tener una intensión chistosa.

llegaba se comenzaba una "cueca." El arpa y la guitarra de las arrebatadoras "remoliendas," estaban sustituidas por dos mozos joviales que silvaban, [sic] dos cantaban las estrofas; y para tamboreo había otros dos, que cumplían con su obligación llevando el compás sobre un cajón desvencijado. Era curiosa la pareja del baile. El uno un flacucho y ocurrente *garçon* de la mesa, que en las horas de comer solía tener muy mal humor. Este imitaba gesteando, el aire de una mujer. El otro tenía un robusto torso de joven hércules, y la cara de un budha japonés mezclada con la de un ídolo mexicano. Concertadme esas medidas; pero no encuentro otra manera de pintar la faz de mi sujeto.

De los cantadores, el mejor era un puro tipo de araucano. Estaba con el busto desnudo, y brillaban húmedas sus carnes de cobre, expuestas a la brisa de la costa. Cantaba alto la copla de la cueca y le seguía el compañero imitando una cascada voz mujeril. Los que en Chile y el Perú hayan conocido las célebres "cantoras" de los barrios bajos, comprenderán la pícara intención filarmónica del chileno. Al rededor, todos, siguiendo la costumbre de la tierra, batían palmas, acompasadamente.

¡Oh vibrantes notas cantadas bajo el cielo en que brilla la gloriosa "estrella solitaria!" Noches de oro y chica rubia; jolgorios en el parque *Cousiño*, donde las rosas saben tantas novelas y deben ser tan murmuradoras; sones de arpa en las casas vedadas, danzas del dieziocho [sic], bajo los árboles de un verde pomposo "¡aquí esta Silva!", aloja en los vasos enormes; bander las flotantes; luces de colores desde el entrar de la noche; tablados en donde el minero vestido de colorines, trenza la sanjuriana, la paloma o la zamacueca; risa chilena, radiante luz del Sur, sangre de las viñas frescas; mujeres gallardas y voluptuosas de rostros rosados y opulentes pechos; país del cerro de Santa Lucía y del humilde y noctámbulo tortillero, todos pasásteis delante de mí, y me conmovísteis, y despertásteis la sed de la tinta en los labios de mi pluma.

Bajo el claror de una lámpara, en un extremo del lugar en donde los sud-americanos se divertían, un chino les contemplaba sonriendo con la sonrisa enigmática y amarilla de su raza. Se llamaba A-Cha-O. A-Cha-O, fue víctima de la alegría occidental. El chilenito bailarín que hacía de dama quiso varias veces hacerle bailar ¡bailar oh padre Kon-Fon-Tse! bailar por la fuerza. Él contestaba a las fuertes insinuaciones, entre jovial y asombrado: "No quele." Era la suave protesta del siervo del Hijo del Cielo, ante la endiablada obsesión del indolatino. Entretanto, el descendiente de Caupolicán trompeteaba vibrantemente:

Las gallinas cantando

45

Ponen los huevos:

Las mujeres llorando

Ponen los cuernos…

Ponen los cuernos, sí…

Etcétera. Y el tamboreo y la algaraza seguían más y mejor, y los danzarines agitaban en el aire sus pañuelos. Al más cercano de la compañía pregunté de donde eran todos. El porteño de Valparaíso, donde el temporal revoluciona las olas cada invierno y las mujeres los corazones cada minuto; el otro era de un lugar vecino a la Cordillera, hombre hecho a mirar las nieves y los cóndores; el otro era chilote del Archipiélago, donde los hombres nacen pequeños y desgarbados, pero con tal imperio en el mar, como que fuesen formados por la cópula de un huracán y una onda. Temporales y trombas son para ellos, y en una débil canoa son capaces de arrastrar tifones chinos y tempestades atlánticas. El otro era de las cercanías del desierto de Atacama, donde no hay agua. Y uno, sonriente, era un limeño malicioso, nacido en la tierra de las mujeres más lindas del mundo. Todos estaban en disposición de echar una cana al aire, la cana al aire después de la labor y de la fatiga. Por un lado entraba del cielo oscuro un violento y libre soplo de aire. El canto se extendía sobre la masa de las olas negras. La inmensidad estaba quieta y solemne. Tras una botella de whiskey bourbon, el contento tuvo en el concurso una creciente. La máquina formaba su acompasado movimiento de corazón. Yo escribía, no lejos de un amable mayordomo. Al paso del valor el rumor del agua se cristalizaba en espuma. Y la alegría de Occidente, flotante y explosiva, bajo aquel cielo taciturno, era contemplada por el chino A-Cha-O, que estaba allí acurrucado, con sus ojos oblicuos y su exótica y esfíngica sonrisa de monicaco oriental.

RUBÉN DARÍO

(Julio 1892)

"Páginas de viaje. Fiestas a bordo" *El Fígaro*, año. 8, núm. 26, 1892, pp. 6-7.

CUBA LITERARIA

Lola Rodríguez de Tió

Barbey d' Aurevilly,[9] como Poe,[10] detestaba las medias azules. Mas cuando encotraba un autor, un poeta femenino de verdadero mérito, se inclinaba y hacia su reverencia. Él levantó a su legítimo puesto a Madame Desbordes Valmore, que después debió de ser alabada con tanto emoción y nervio por Paul Verlaine. Poe mismo, --que escribió esta frase: "por lo que respecta al bello sexo parece que no hay sino un camino que seguir: hablad si podeis halabar, callad si no…" si

---

[9] Jules Barbey d'Aurevilly (1808–1889), novelista y crítico francés, admirado por los poetas decadentes de finales del siglo XIX.

[10] Edgar Allan Poe (1809–1849), escritor, editor, crítico y poeta romántico de los Estados Unidos.

fue alguna vez claro y duro con alguna *blue stoking*, tuvo más de una ocasión entusiasmo y justicia para coronar con los laureles del elogio algunas frentes de mujer que lo merecían.

En el áspero camino del arte está uno poco acostumbrado a mirar las faces delicadas de nuestras amables compañeras de la vida. Hay tantos breñales, tantas cambroneras, tantas rocas áridas, que es de creerse natural el que solamente por excepción hagan el viaje de la gloria las que únicamente parece que vinieran a la tierra para llevar a cabo el viaje del amor.

Además, estamos prevenidos por la razón histórica: jamás una mujer, desde Erina hasta Dª Emilia Pardo Bazán ha llegado a esa inmensa altura esencialmente masculina que se llama el Genio. La mujer-genio solo puede o ha podido surgir, en el terreno de la santidad.

No, ellas no han sido formadas por el Divino Cincelador para las luchas. Judith, Juana de Arco, son arcángeles humanos, son hermosos San Jorges: --son criaturas divinas y fuertes, que han sido mujeres porque en la tierra no podían ser insexuales, como las almas de los cielos.

En cuanto a la mujer poetisa, o mejor dicho, la mujer poeta, esa rosa azul, ese mirlo blanco, cuando la encontramos a nuestro paso, ---a una que verdadera y hondamente esté ungida con el óleo artístico: una que pronuncie el infalsificable *schibolet*[11] --- inclinémonos, en cuanto caballeros, ante la dama, en cuanto escritores, ante la digna compañera.

Así me inclino saludando a una escritora cubana que es un poeta: Lola Rodríguez de Tió,[12] ---cuyo último libro acabo de recibir de la Habana, una de las capitales literarias de América.

Mi libro de Cuba,[13] es una colección de estrofas armoniosas y plausibles, que, es innegable, denuncian en la autora un gusto exquisito, culto del arte verdadero, y alejamiento del *bas-bleuismo*. Aniceto Valdivia dice de ella: "La dama y el *poeta* han tenido en la Habana todos los homenajes. Su poesía es ella misma; quien lee sus versos la conoce enseguida, entera; quien la habla diez minutos adivina sus versos. Nobleza, sentimiento, probidad, odio a los convencionalismos estúpidos que una moda impone y otra moda se lleva, alteza de pensamiento, idealidad, ilustración

---

[11] Término hebreo que significa "espiga," y que se utilizó en la antigüedad para distinguir por la pronunciación los efraimitas de los galaaditas.

[12] Su nombre de nacimiento fue Dolores Rodríguez de Astudillo y Ponce de León (1843–1924), pero se hizo conocida por el nombre de Lola Rodríguez de Tió. Nació en San Germán, Puerto Rico, y residió en Cuba durante un tiempo, donde murió.

[13] *Mi libro de Cuba: poesías.* Pórtico de Aniceto Valdivia. (La Habana: Imprenta La Moderna, 1893).

profunda, patriotismo de espartana, un amor al hogar que es un fetichismo y un culto por ese amor *sin alas* que se llama la amistad... tales son ella y sus poesías, tal es esa hija de Lemnos, que brotó como un lirio de Mantua sobre un trozo de tierra del arrinconado Puerto Rico."

A mi paso por la Habana, --no hace aún dos años, tuve ocasión, en un banquete literario que agradeceré siempre a la Redacción de EL FIGARO –de oír recitar a Julián del Casal, --el extraño poeta amigo de Huyssmans[14] [sic]—versos de la admirada *Lola.* Confieso que las alabanzas que escuché las acepté con reservas. Después, he conocido la "obra" de esa autora cuya fuerza está en su propia delicadeza. Es una hija de las islas, es una melodiosa hija de las islas. Cristiana, amante de la patria, suave, sensitiva, mujer, muy mujer! Sabe orar, y eso es alta recomendación. Sabe llorar, sabe sonreír, sabe amar.

El fragmento que en seguida copio dará una idea del valor artístico de quien lo ha escrito. *A Anadiomena:*

.... Cómo podría

Olvidar el espíritu de Grecia.

---

[14] Charles-Marie-Georges Huysmans (1848–1907), escritor francés, asociado al movimiento decadentista.

Encarnado en tus formas de alabastro

Con blancura impecable de azucenas?

Dónde la sombra está? Dónde el olvido

Que puedan alcanzar la diosa excelsa

Que es ritmo de los bardos que la cantan

Y gloria de los labios que la besan?

Todo se eclipsa, menos tu memoria,

!Oh blanca musa de inmortal belleza!

Griego perfil que mi deseo finge,

En cipria concha de brillantes perlas!

Alada estrofa con mi amor te envío,

--Del recuerdo de *Hipatia* mensajera---

Recógela en la brisa de la tarde

O en el fulgor de una lejana estrella…

Birank el holandés,[15] concede a mi amigo Moreas[16] el derecho de tener lira: ---instrumento que debe no conocer, según parece, todo poeta moderno que se respete.

---

[15] Error de *El Fígaro*. Darío se refiere a Geertrudus Cornelis Willem Byvanck, (1848–1925), autor de *Un Hollandais à Paris en 1891: sensations de*

Yo admiro en la poetisa antillana su hermosa lira, cuyas cuerdas se llaman Patria, Amor, Naturaleza, Religión, Amistad, Arte.

Para concluir, he de recordar unos bellos versos místicos, que, lirios del jardín de Fray Luis, cultivados por mano femenina, han de gustar, por su puro perfume, a los poetas como mi impecable y aristocrático amigo Oyuela.

Ya rebosa de placer

Mi amante corazón antes sombrío:

Como marchita rosa

Que revive el rocío,

Por ti se torna alegre, amado mío!

Jesús, ya estás conmigo!

Mas tengo el sobresalto de perderte,

Guarda mi blando abrigo,

---

littérature et d'art. (Paris, 1893)

[16] Jean Moréas (1856-1910) fue un poeta de origen griego del grupo simbolista. Residía en París y Darío escribió una semblanza sobre él en *Los Raros* (1896). Allí hace referencia también a Willem Bynvack cuando afirma que el retrato que este había hecho de Moréas "no es de una completa exactitud" (OC II, 344).

Que ya con poseerte

No me infunde pavor la misma muerte.

Por lo creyente, por lo artista, por lo noble, por lo
elevado de su alma, saludo a la amiga lejana y le agradezco el
envío de su precioso libro.

RUBÉN DARÍO

"Cuba literaria. Lola Rodríguez de Tió" *El Fígaro. Periódico
literario y artístico*, año. 10, núm. 14, 1894, p. 193.

TEATRO JAPONÉS

Especial para "El Fígaro"

A. M. Márquez Sterling

En el teatro que la Loïë Fuller ha construido en la Rue de París. Concurrencia cosmopolita. Abundan los ingleses. No se trata de la danza curiosa de esa yanquee-parisiense. Se trata de teatro japonés. La Sarah Bernhardt del país de los crisantemos viene a dar la nota de su arte raro a la feria colosal y pintoresca.

Ya se levantó el telón, ya se ve un escenario de abanico, ya comienza el encanto de lo desconocido. Y es un desconocido encanto; o más bien es un encanto conocido no sabemos dónde, y cuyas reminiscencias nos dan la idea de la realización del ensueño.

Del ensueño y de la pesadilla hay en esa representación. No tenéis tiempo de daros cuenta del argumento. Eso pasa como una fiesta del país de las mariposas. Todo es color, ritmo, poesía exótica, libros en papel de arroz en que se dicen los amores de las princesas orientales.

Mientras una melopea se escucha, y un son de gong

anuncia escenas del drama, la magnificencia de los trajes os domina, y sobre la magnificencia de los trajes, la boca roja con la sonrisa singular, y las manos delicadas, manos de amarilla magnolia, que tienen movimientos de olas y de versos. Como versos se mueven esas manos asiáticas. Como olas. Como versos y como olas.

Los actores que acompañan a esa princesa del arte de Oriente, son maravillosos, como conviene al conjunto. Cada cual parece que tuviese un compás que estuviese sujeto a una indicación rítmica. Con parasoles, abanicos, puñales o sedas, ritman gestos y movimientos. Son hieráticos y primitivos, y de una extrema civilización. En Soloma, en Atlántida o en Palenke, se debe haber visto teatros con actores semejantes. Esa es la impresión principal: la de un arte de reinos fabulosos y viejos, conservado en tierras de opio y de ceremonias.

Sara [sic] Yacco es como una sacerdotisa y como una musa y como una muñeca, todo a un tiempo. Se adivina a la emperatriz de amor por quien mil daimios y samonrayes murieran. Murieran por ella de pasión. En ella viene vivo el paisaje y viene palpitante toda la leyenda. Con un gesto de su mano se da un paraíso de cerezas en flor; y con un mirar de sus ojos poemas de espadas y de estandartes y de pagodas.

Toko toniaré, toniaré ya...

56

No entendéis nada y todo lo sabéis. Porque la luz suprema de esas pupilas maravillosas nos descubren abismos de cosas imposibles…. Y la melopea continua, continua…

Las linternas aparecen. La mujer, mágica de gracia, sobre sus coturas [sic], como en Grecia, canta su relación. Es, según parece, lo que dice, poema de amor y de muerte. Muere ella por fin, en la consternación y en el dolor de un trágico final de obra. Sarah Bernhardt no muere mejor. La pieza ha sido francamente curiosa y divina. Es lo más intenso que el crítico ha visto en su vida. Y el crítico os envía un sincero pensamiento. Perdonad sus muchas faltas.

RUBÉN DARÍO

París, julio 1900

"Teatro japonés" *El Fígaro. Periódico literario y artístico*, año. 16, núm. 31, agosto de 1900, pp. 377-378.

EUGENIO GARZÓN EN *EL FÍGARO* DE PARÍS[17]

Bien queda en el intelectual y elegante *Fígaro* de la Habana, el retrato del primer redactor hispanoamericano de *Fígaro* de París.[18] Eugenio Garzón es desde hace algunos días el informador de nuestra política, de nuestra sociabilidad y de

---

[17] Darío escribió un breve artículo sobre Eugenio Garzón en su libro *Cabezas* (1916). Este es diferente. No está dirigido, como dice, a sus lectores del Río de la Plata, sino a los del *Fígaro* de la Habana (OC II, 1829-32). Al inicio del artículo aparece un retrato de Eugenio Garzón.

[18] *El Fígaro* era uno de los periódicos más importantes de Francia, cuyo director en la época era Gaston Calmente. En sus páginas aparecían de vez en cuando noticias sobre las actividades de Rubén Darío en la capital francesa y en España. En 1912, por ejemplo, *El Fígaro* narra la fiesta de despedida que le dieron los editores de las revistas *Mundial* y *Elegancias*, Alfred y Armand Guido a Darío antes de este salir de viaje para Portugal, España y Latinoamérica. En tal oportunidad, *El Fígaro* cita unas palabras de Darío agradeciendo el homenaje y celebrando la unión de los "escritores de nuestra raza". Dice: "Je suis très touché du témoignage d'estime et de camaraderie que m'apportent ceux qui sont l'âme administrative de *Mundial* et d' *Elegancias*. En coopérant à ces deux publications, si richement présentées, mon désir n'est autre que d'en faire le point de rencontre des cultures ibéro-américaines, et je suis certain de trouver, sur les deux continents, la meilleure volonté pour poursuivre cette tâche. Je vous remercie tous, Messieurs, d'avoir bien voulu assister à cette fête et je lève mon verre à l'union des écrivains de notre race. " "Le Monde & La Ville" *Le Figaro* 25 de Abril de 1912, p. 3.

nuestra mentalidad en el más célebre, autorizado y espiritual de los diarios del mundo.

Si estas líneas fuesen tan solamente para el Río de la Plata, una presentación de Eugenio Garzón sería inútil: todos allá le conocen y todos le estiman en lo mucho que vale. Es un antiguo y fuerte periodista, tan famoso por su vigor como por su amenidad. Es, personalmente, una interesante figura. Espíritu práctico, bajo un aspecto romántico –un romántico demasiado modernizado—junta la distinción a la franqueza, la amabilidad a la reserva, la reticencia a la sinceridad. Tiene un poco de *bon enfant*[19] y un mucho de *jolli* [sic] *good fellow*.[20] No estando conforme con la política que hoy priva en su patria uruguaya, emigra y se establece en París. Frecuenta el gran mundo de las colonias y el gran mundo parisiense; y cuando se le creería ocupado en madrigalizar en los salones, lanza su "flecha del charrua", una vibrante página de combate.

***

Creo que muy pocas veces se ha encontrado tan unidos

---

[19] Buen niño.

[20] Se refiere a una canción inglesa, muy popular en el siglo XIX, cuyo estribillo dice: "For He's a Jolly Good Fellow". La frase se usa para celebrar a alguien que ha logrado algo importante y su traducción al español es "Porque es un alegre compañero".

lo parisiense y lo americano-latino. Es bastante meridional; --
por algo en su aspecto se parece algo a Daudet;[21] mas el
fuego nuestro está suavizado por la vida, y transformado en
un ponderado calor, al cariño de este dulce París. Su
monocle[22] no hace más que traducir al francés la chispa
penetrante de nuestros pagos.

Es de Montevideo, y eso, en Francia, debe ser mirado
como un dato singular: allá nacieron Jules Laforgue, y el
misterioso y terrible Lautréamont!.....[23]

Sabéis lo que ganamos los hispano-americanos con
Garzón en el *Fígaro?* Ya no habrá la leyenda continuada
largamente, de las bárbaras republiquetas de tramposos
rastacueros. El procurará que se le de a cada uno lo que es
suyo.

No se repetirá este caso: Un día, no recuerda ya que
escritor bulevardero, publicó en un diario de París un artículo
cruel en que hablaba de las damas hispano americanas, esas
loritas –*perruches*—que venían a buscar y pagar marido, *a*

---

[21] Alphonse Daudet (1840 –1897), novelista francés admirado por Darío.

[22] Monóculo. Darío lo escribe en francés.

[23] Isidore-Lucien Ducasse (1846–1870), quien escribió bajo el seudónimo
de Conde de Lautréamont. El nicaragüense le dedicó una semblanza en
Los Raros.

l'instar de las yankees, a la capital de Francia. Vivía a la sazón en París un gentil hombre ecuatoriano, que era al mismo tiempo un escritor genial: he nombrado a don Juan Montalvo. Este noble escritor, lleno de indignación, contestó al artículo del periodista, con una página admirable que fue llevada al mismo diario en que había aparecido el ataque contra las damas de Hispano-América. Pero sucedió que, muy bien traducida y todo, esa página no fue admitida. Valía su publicación cuatro o cinco mil francos; y no hubo rico de nuestras tierras calientes que quisiese pagar la suma —puesto que Montalvo era pobre. Gracias a Garzón, esperemos que no podrá repetirse caso semejante.

Y el triunfo de Garzón es inaudito. Escribir en una revista de París —con la excepción de la *Revue des deux mondes*—no es muy difícil. Basta con enviar un artículo de interés, de actualidad sobre todo, en buen francés y bien documentado. Pasará. En tanto que los coutidianos, [sic] industrializados hasta el extremo, rechazan a todo ser viviente, francés o extranjero, como no vaya apadrinado por esa cosa extraña y vaga que se llama la suerte.

Garzón ha tenido suerte; pero a la suerte hay que agregar su gran talento, y que es además perspicaz, razonador, encantador, fascinador, y buen filósofo. *C'est un sage.*[24]

Para el *Fígaro* es una adquisición; para la América latina es un triunfo, y para los parisienses una sorpresa: de como el "charrua" de la "flecha", se hace leer en el Faubourg Saint Germain.[25]

RUBÉN DARÍO

París, 25 de julio de 1904

"Eugenio Garzón en el *Fígaro* de París" *El Fígaro. Revista Universal Ilustrada*, año. 20, núm. 36, septiembre de 1904, p. 464.

---

[24] Inteligente.

[25] Barrio histórico de la aristocracia francesa.

PARISIANA

Especial para "El Fígaro"

Paseo con Gómez Carrillo,[26] *retour* del Japón. Hemos entrado al *Louvre* y nos hemos encontrado con un japonés. Hemos salido y nos hemos dirigido a los *quais*, a ver libros viejos, recordando a Valdivia, y nos hemos encontrado con un japonés. Hemos pasado al Barrio Latino y nos hemos señalado a varios japoneses.—"Me parece estar en Tokio", me dice Carrillo. Y tiene razón.

A esos amarillos invasores se les ve por todas partes en el Barrio Latino, en los jardines, en los teatros y music-halls, en el bosque. Unos llevan en la solapa la cinta roja de la Legión de Honor. Todos, vestidos a la europea, tienen ese aire extraño de las cosas ambiguas. Pero desde hace algún tiempo, han adquirido en sus gestos y miradas una convincente

---

[26] Enrique Gómez Carrillo (1873-1927), cronista guatemalteco residente en París y amigo de Rubén Darío. Fue autor de *De Marsella á Tokio, sensaciones de Egipto, la India, la China y el Japón* (París, 1906), cuyo prólogo de Darío también apareció en *El Fígaro* el 25 de marzo de 1906. Darío le dedico una semblanza en *Cabezas* (1916).

importancia. Parece que quisiesen hacernos ver demasiado a los occidentales que *ça y est*.[27] Y que cada uno de nosotros tuviésemos individualmente una pequeña Manchuria.

El "chef des ordeurs suaves"[28] en su sutil idioma nos ha contado la historia de los japoneses en Europa. Fueron primeramente los objetos raros que traían del Extremo Oriente los navegantes de Saint-Malo, los marineros comerciantes holandeses; los curiosos artefactos nipones del hotel Pontalba, los servicios de porcelana china "cuyos dibujos a menudo cristianos eran dados a los ceramistas de allá por los jesuitas." Sabemos que la marquesa de Lannes era coleccionista; algunos más había que conservaban en gabinetes inéditos objetos pintorescos, lacas, sedas y marfiles del Imperio del Medio. Hasta que llegó la exposición del 78 que trajo la popularización de lo antes reservado, la invasión de la pacotilla oriental en el Bon Marché y el Louvre, los biombos baratos, los sables, los abanicos, las fukusas y los kakemonos. La terminología se hizo conocida. Tsibmtsi y shakudo, netzke y samisen aparecían en crónicas de diario y

---

[27] ya está

[28] *Le chef des odeurs suaves*, es el título de un libro de poemas de Robert de Montesquiou-Fézensac, a quien menciona más adelante en la crónica, publicado en 1907 en París. El libro está dedicado a las flores, y "l'art de composer les bouquets" (311), donde no faltan tampoco las menciones al Japón, y a la "horticulture," temas que están muy relacionados con esta crónica.

en cuentos exóticos. La hija de Gautier y esposa divorciada de Mendez, publicó sus *Poemas de la Libélula* e introdujo una estrofa japonesa a la métrica de Francia, la xita. Y luego dio la escena su *Marchand de sourires*, en que expresaba la vida de las cortesanas de ojos circunflejos. Los Goncourt daban sus lecciones inolvidables. Gonse coleccionaba e informaba. Y el hombre del *Art Nouveau*, Bing, fue entonces el mayor importador de tantas chucerías exóticas y caras. Y llegó Loti trayendo su muñequita decorativa, su antisentimental crisantemo. Sus japonerías se esparcieron por todos los rincones de la literatura. En las letras pasó lo que en la vida, y en todas partes hubo importación de bonitas cosas amarillas. Con las obras de Goncourt, de Gonse, de otros, se tuvo un almacén de provisiones niponas para niponizar por largo espacio de tiempo.

En el 89 se reveló un gran jardinero. Hasta Wasuke, que hizo florecer tan penetrantes lirios martagones, enrolló alrededor de minúsculas rocas enredaderas finamente recortadas, asociándolas a monstruos vegetales, achicados y graciosos, encurvados según imposibles curvas.

La impresión, a la entrada de ese fabuloso recinto, era la de penetrar entre los "comprachicos" de lo vegetal, fabricantes de "hombres que ríen" y de Triboulets, de "Nibelungs" y de gnomos de la horticultura. Había alambres que estiraban, ramas sobre ticeras de Procusto, y resultaba de todo eso, hayas enanas, cedros-juguetes, retinosporas infinitesimales, baobads de muñecas, una floresta-bebé de centenarios arbustos, estirándose en serpentinas ramificaciones, redondeándose en tan armoniosas proporciones sobre tan verídicas umbrías que preciso esa [era] apartarse de los sueños bíblicos que inspiraban para convencerse que se trataba de una floresta de Liliput, de un Líbano en miniatura. De tan inexplicables especies he visto hace poco, en Viena, en el jardín de Rothschild, con el aditamento de ciertos caprichos cuasi macabros en que se complace la jardinería del país de Yamagata y Oku, imitaciones de animales con elementos vegetales, plantas minúsculas que con sus ramas forman ya serpientes, ya pájaros, ya extraños cuadrúpedos; he visto entre otros híbridos bichos, un mono con la cabeza prodigiosamente figurada y cuyos brazos terminaban, como los de la perseguida Daine,[29] en ruinas de no sé qué exótico y apretado árbol.

Robert de Montesquiou tuvo también a su servicio a un japonés artista en jardinería. Cuenta que el tal llamado Hata, le hacía ramillete de maravillosa manera, de los que álbumes

---

[29] Error de *El Fígaro*. Debe decir Diana, que era la diosa de la caza en la mitología romana.

especiales aprenden a hacer las musmés.[30] "Los días de fiesta, cuenta, solicitaba hablarme y vestido con su traje nacional, me hacia los honores de sus álbumes profesionales que aumentaban y embellecían cada estación con lo que le enviaban colegas lejanos, de la más nueva hibridación de iris de koemferi de peonía o de crisantemo. Y exponía sus acuarelas con un sencillo orgullo como un joyero abre sus estuches y presenta sus piedras, con un orgullo que refleja los fuegos, una satisfacción resplandeciente. Era también el arreglador de las iluminaciones de las noches de verano, encendiendo él mismo, cuando la noche caía, hácia la hora de las comidas al aire libre, las linternas que había dispuesto, desde el día, según imprevistas simétricas. Y su silueta, regordeta, en su corta túnica de tela azul adornada de un carácter blanco, se reflejaba en el oro unido de los biombos, como la de un Calibán complicado de Ariel, de un Puck robusto, alado y gesticulador. Tiempos ya pasados, tiempos en que se celebraban las glorias de Okussai y de Outamaro, tiempos en que todavía no se andaba en automóvil, ni se

---

[30] Robert de Montesquieu era un ávido coleccionista de libros de arte del Japón. Según Jan Hokenson en *Japan, France, and East-West Aesthetics: French Literature, 1867-2000*, este contrató un jardinero llamado Hata, quien le construyó un jardín japonés en su casa de la calle Franklin (206).

soñaba en el peligro amarillo." Hasta los japoneses de los circos parece que se hubiesen transformado. Los estudiantes nipones del Barrio Latino, han adquirido aires orgullosos que agravan su reserva y su manera fina y aguda de observar. La *Revue* de M. Finot tiene redactores japoneses que dan cuenta del movimiento intelectual de su país, que analizan revistas y diarios y dicen a Occidente cómo se piensa por allá. ¿A qué ir a despertar el nido de dragones? Guillermo II es un gran hombre.

RUBÉN DARÍO
Febrero, 1906

"Parisiana" *El Fígaro. Revista Universal Ilustrada*, año. 22, núm. 10, marzo de 1906, p. 132.

PARISIANA. EL NIDO.... DEL ÁGUILA[31]

Especial para "El Fígaro"

El poeta Leopoldo Lugones se encuentra en París desde hace algunos días. Hemos visitado juntos, con nuestro contentamiento, la casa de Víctor Hugo, convertida en Museo, a la cual envía todos los años la casa de Shakespeare, una corona de flores. He renovado pasadas impresiones y he observado, de nuevo, si hay fieles en el templo. La casa es la que habitó el maestro en la plaza de Vargas. Sabido es que el

---

[31] Darío publicó esta crónica en *Parisiana* (1908) con el título "Chez Hugo" (OC IV, 1283-1286). Al hacerlo suprimió partes o cambió la redacción al inicio y al final. Un caso similar se presenta con respecto a la crónica titulada "Las transformaciones de Mimí Pinson" que el nicaragüense publicó en *La Nación*, de Buenos Aires, el 13 de abril de 1902, y luego Alberto Ghiraldo publicó de forma mutilada en *Impresiones y sensaciones* (OC I, 789-797). Para más detalles sobre esta última crónica véase el comentario de Günther Schmigalle en *Crónicas desconocidas* (2006), pp. 131-142.

museo, formado a *l'instar* de la "huse of Shakespeare,"[32] y de las de otros inmortales, --ha sido formado gracias a la consagración y al afecto y admiración invariables del finado Paul Meurice,[33] amigo y discípulo de Víctor Hugo. Él puso en su obra todo su entusiasmo, una minuciosidad que por algunos lados, no ha dejado de causar sonrisas. Por ejemplo: "muela que Víctor Hugo se sacó en tal fecha." La latría es evidente.

Ascendemos por una corta escalera. A la entrada un gran busto del poeta. Desde las escaleras, cuadros que representan escenas de sus dramas, de sus poemas, de sus novelas, de su vida. Desde luego, las numerosas ilustraciones de Rochegrosse, las de Boulanger, J. P. Laurens, etc. Después, fotografías, caricaturas, toda la enorme iconografía hugueana, desde los primeros tiempos, desde la niñez hasta el fallecimiento, hasta la admirable cabeza que fotografió Nadar y pintó Bonnat, sobre el lecho mortuorio. Hay vitrinas con objetos usuales, la casaca de académico, la de par de Francia, una gorra, un bastón de carey en cuyo estuche se lee esta dedicatoria: *Benito Juarez à l' Ilustre Victor Hugo.* Se ven medallas, plumas, cartas, autógrafos de hombres históricos

---

[32] Errata. Debe decir "house of Shakespeare" o "la casa de Shakespeare".

[33] Novelista y dramaturgo francés muy amigo de Víctor Hugo (1802-1885).

dirigidos al poeta. Hay un pedazo de "pan del sitio," y en una caja, cuatro grandes mechones de cabello, que indican toda la duración solar de esa vida.

Cabellos rubios, del seminario de Nobles de Madrid, cabellos del "niño sublime," de París: cabellos más oscuros del autor de Hernani, del joven y radiante conquistador del Romanticismo; cabellos grises, cabellos del luchador, cabellos de las tempestades de las cámaras, de las agitaciones políticas, cabellos del *Año Terrible*, y de *Los Castigos*, cabellos blancos, cabellos de plata de Guernesey, cabellos del *Arte de ser abuelo*, cabellos del anciano glorificado, del papa lírico del mundo, del venerable patriarca del pensamiento, cuya desaparición conmovió la tierra y cuyos despojos fueron velados por París en el más grandioso de los catafalcos, el Arco del Triunfo.

He allí, en una pequeña mesa, cuatro tinteros y cuatro plumas: de Lamartine, del viejo Dumas, de George Sand y del dueño de la casa. El cual, como es fama, se complacía en curiosas labores manuales y chinizaba y japonizaba aún antes que los Goncourt![34] Vese una chimenea decorada por él, orientalmente, y muchedumbre de *panneaux*[35] coloreados y

---

[34] Se refiere a los hermanos Goncourt, Edmund (1822–96) y Jules (1830–70).

[35] Carteles

dorados de modo hábil y pintoresco. Son caprichos de mandarín, visiones chinescas, animales fabulosos, fragmentarias pagodas, inauditos dragones, cómicos personajes del Imperio Celeste, flores raras, juegos decorativos de líneas y de figuras, hecho todo en tablas, uno como pirograbado policromo, de la más interesante inventiva.

Y cuadros y retratos, y más cuadros y más retratos, en las distintas salas.

Sobre todo, llama la vista y la meditación la obra pictórica de Hugo. Habrá un libro muy importante y profundo el día en que un artista pensador escriba el que merecen las concepciones y realizaciones gráficas del altísimo Poeta de Francia. Es en los dibujos, es en el Víctor Hugo pintor en donde se completa la personalidad portentosa del rimador profético y formidable. Solamente en Turner, en Blake, en ciertas cosas de Piranesso, se percibe la cantidad de ensueño y de misterio que en las visiones manifestadas por Hugo en tales páginas de un "romanticismo" eterno y trascendente. Ruinas evocatorias, fantásticos palacios, orientalizaciones fastuosas y miliunanochescas, construcciones extrañas que son como amontonamientos simbólicos, cielos funestos, claros de luna ilusorios, concreciones de nocturnos espantos, deformaciones de sombras y estallidos blancos de luces abracadabrantes arquitecturas, resurrecciones del pasado y suposiciones del porvenir, el ensueño, la pesadilla, el horror, lo grotesco, lo grutesco y lo arabesco, lo incógnito del arte, está revelado en las realizaciones pictóricas del prodigioso Padre. Y es tan vasta su fachada notredámica verbal y literaria, que no percibe el mundo sin fijarse, los festones y astrágalos que su pluma en recreo se complacía en prodigar, sirviéndose para sus efectos extraños de tintas diversas, del carbón, del café con leche, del pábilo quemado, de todo lo que encontraba a mano la suya acaparadora y eficaz.

…..Y luego, allí está el arcaico lecho en que murió, en que pronunció su último alejandrino:

C'est ici le combat du jour et de la nuit!

Y los dos retratos de los nietos adolescentes en la cercana chimenea, y el alto escritorio en que trabajaba de pie, al levantarse siempre matinal. Se siente en el ambiente gloria. Los visitantes no son muchos. Uno que otro extranjero. Papás que explican en voz baja a sus hijos la significación de objetos y documentos, algunos obreros, pues es hoy día domingo, y dos artistas, por el aspecto sajones, que toman apuntes en la sala de los dibujos. En el dormitorio, veo en una mesa, bajo un cristal, un papel en que el poeta declara que él pertenece a un partido que todavía no estaba formado, pero que formaría el siglo XX, el partido de que nacerían, primero los Estados Unidos de Europa, y después los Estados Unidos del Mundo. Es una idea que desarrollan largos párrafos expresados en varias obras suyas, sobre todo, en sus páginas sobre *París*. No olvidemos que más que el Pensador era el Gran Soñador....

Y, a pesar de su orientalismo, no pudo prever al Japón vencedor del Imperio Ruso, --y al Oriente, al invasor amarillo que ha de llegar.

RUBÉN DARÍO

París, mayo, 1906

"Parisiana. El nido... del águila" *El Fígaro. Revista Universal Ilustrada*, año. 22, núm. 25, junio de 1906, p. 322.

PARISIANA. UN ESCULTOR MEJICANO

En el Salón de Artistes Français, colocada entre el grupo más vistoso de obras, en el pueblo de bronce y de mármol que forma en la vasta galería la sección de Escultura, está una que lleva la firma de un hispanoamericano: la *Mendiante*, de Enrique Guerra.[36] La crítica ha señalado elogiosamente esa figura de pena humana, esa maternidad dolorosa que lleva al hijo tierno reclinado en el hombro, y pide limosna. Es un poema entristecedor que no deja de tener sus comentarios socialistas en el ambiente de grandeza lujosa en que se exhibe la anual floración artística de este país rico y pomposo.

Enrique Guerra es un talentoso y laborioso hijo de México, que nació con la pasión irremediable de la Belleza. Es artista de verdad, creador de formas, de representaciones plásticas, de ideas, de intenciones, de símbolos y de sueños.

---

[36] Enrique Guerra (1871–1922), escultor mexicano nacido en Veracruz. Las fotos de las esculturas de Enrique Guerra que incluimos aquí aparecen en *El Fígaro*.

Ha estudiado mucho y poseído de la admiración de los grandes maestros y de las sublimes obras, busca la manera más feliz de expresar su pensamiento, de exteriorizar su sentir, con fe, con vida, con voluntad. No se ha encasillado en formulas académicas ni ha pensado en las ventajas momentáneas del snobismo. Con vivir en París y con sentir la poderosa corriente rodiniana arrastrar tantos talentos, no se ha dejado llevar de la peligrosa cuanto tentadora atracción. Admira a Rodin, pero su adoración es más distante, se concentra en el maestro a quien considera el primero de todos los tiempos y de todas las naciones: me he referido a Miguel Ángel. Y como Guerra ha hecho el preciso viaje a Italia que da su confirmación a todo artista, ha podido allá hundir el espíritu y deleitar la mirada en la obra colosal y avasalladora del Buonarrotti.

Compláceme el ver que en esta capital de las capitales, haya algunos trabajadores del Arte que representen la comprensión y el vuelo estético del alma hispano-americana. Compláceme el ver que algo de nuestros esfuerzos se advierte o se reconoce alguna vez. Nuestra cultura latina tiene en Europa menos representantes que la de *élite* anglosajona. Mas, algo es ya que un Charles Morice y un Thiebault-Sisson aplaudan el vigoroso talento del argentino Irurtia,[37] y un Paul

---

[37] Rogelio Yrurtia (1879 –1950), escultor argentino cuyo estudio Darío

Adam reconozca la genial fuga y el don triunfante del cubano Menocal.[38] Y que artistas como Enrique Guerra, Fidencio Nava, Alfredo Ramos Martínez y algunos otros, entre los jóvenes, den en este París de las bregas de gloria, una idea de nuestras energías mentales y de nuestra pasión de Belleza. Y es tanto más de alabar la labor de esos artistas, cuando el apoyo y el estímulo con que la patria les alienta es bien escaso.

La producción de Guerra es ya numerosa. Entre sus trabajos, que he podido apreciar en su estudio de l' Avenue du Maine y en los Salones de varios años, sobresale un bello desnudo *Epave*; la exquisita *Chrysalide*, flor de adolescencia, en su pasiva espera del instante en que ha de convertirse en la mariposa-mujer, y una admirable representación del goce amoroso, el triunfo del beso, la victoria de la carne revelada con soberbia sensual, magistralmente, en la expresión de las dos cabezas unidas por la voluptuosidad: *Volupté*. He admirado varios *maquettes*, varios esbozos, y entre otros excelentes proyectos, uno de un monumento a Juárez, digno del artista que quiere cantar en bronce la gloria de su patria y de su raza.

---

visitó en París y sobre quien escribió un artículo en 1906: "El escultor argentino Irurtia (OC I, 355-364)

[38] Armando Menocal (1863 –1942), pintor cubano de temas históricos.

Hace algunos días, una distinguida y bella dama, presentaba en la Sala D' Eylan, [sic] de la Avenue Victor Hugo, una exposición de obras de artistas mexicanos. Allí pudieron verse discretas y plausibles obras de los que residen en Francia; y si poco, el concurso no desmereció. Entre esas obras, junto con las de Ramos, Nava, Rosas, Montenegro, Tellez, Domínguez, Fernández, y el singular y grande Ruelas, tuvieron los elogios de los visitantes las presentadas por Guerra, en quien todos reconocen ya un escultor hecho, de ciencia y de conciencia, y poseído del sentimiento y de comprensión de su arte.

Yo creo de mi deber hacer constar estas cosas. Y recordar a nuestros países de la América latina que tienen en Europa hijos que las honran y de los cuales llegado el momento oportuno, es necesario acordarse. Ya hemos de ver en México estatuas y monumentos de Enrique Guerra.

RUBÉN DARÍO

París junio, 1906

"Parisiana. Un escultor mejicano" *El Fígaro. Revista Universal Ilustrada,* año. 22, núm. 27, julio de 1906, p. 1.

CHRISALIDE.

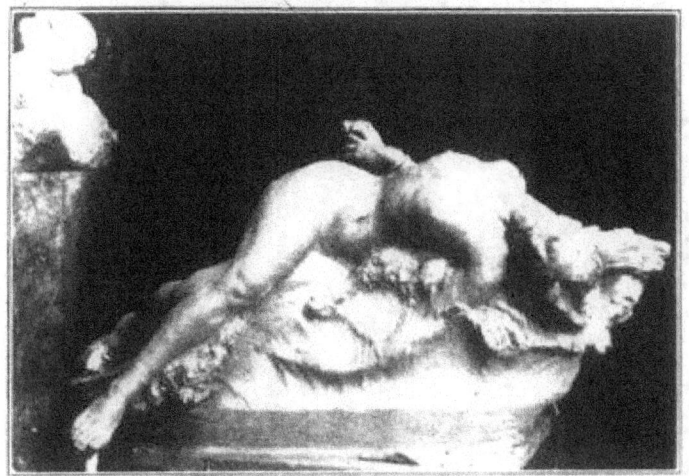

EPAVE.

MENDIANTE.

VOLUPTÉ.

J. J. PALMA[39]

Aquí, a la orilla del Escalda, mi querido Pichardo, he leído los últimos versos de Palma que ha publicado V. en nuestro FÍGARO. Ha hecho usted muy bien en hacer oír en nuestros días de disputas vanas e inútiles controversias sobre el vacío, esa nota de verdadera, de innegable, de legítima poesía. Los que tenemos la ventaja y el placer de mantener aquí, o allá, hermosos odios, excelentes injusticias, preciosos recelos, en espíritus más o menos sospechados que nos están dando frecuentemente constancia de nuestro valer, gocémonos en aplaudir ese canto de viejo ruiseñor, que ha sido el mimado de su primavera, y que aun lanza, hacia el poniente, su trino de oro, si con melancolía, con la conciencia orgullosa de haber sido triunfador en las horas sagradas del amor y de los líricos entusiasmos.

El grande y buen poeta José Joaquín Palma, al hacer resonar, blanco de años, su generosa y armoniosa lira de

---

[39] José Joaquín Palma (1844-1911), poeta y revolucionario cubano. Después de estallar la Guerra de los Diez Años en Cuba, viajó a Honduras y más tarde a Guatemala donde murió. Darío le dedicó un medallón en *Azul...* y más tarde escribió el artículo titulado "Fotograbado" que Palma incluyó en *Poesías* (1901), y *El Fígaro* reprodujo en la edición del 19 de enero de 1902, año. 18, núm. 3, pp. 28-29.

antes, merece que el batallón de los de hoy, que los mayores y los menores del día, le presentemos las armas. Supo amar, supo cantar. Encantó a un continente. Peregrinó por la libertad ofreciendo palmas de heroísmo y rosas de galantería. Fue en su tiempo el Director de nuestras músicas verbales. Competían sus versos en eficacia con los discursos patrióticos de los oradores de la propaganda, y su cosecha de simpatía por la estrella solitaria fue vasta y duradera en toda América. Al propio tiempo fue gran conquistador de hermosuras y donjuanizó lo más gallardamente posible. En esa época imperaba el más delicioso de los romanticismos. Bogotá era la capital intelectual hispano-americana: la María de Issacs[40] la patrona pasional; la décima sonora el instrumento más exquisito para rimar dulzuras. Ningunas como las de Palma; y la estrofa de sus *Tinieblas del alma* fue ofreciendo por todas nuestras repúblicas sus elegantes y afectadas gracias melódicas de manera tal que era como un bouquet interior que se prendían en el alma todas las niñas enamoradas. Bravo y dichoso caballero que en tantos climas abrevó su Pegaso en las más puras linfas y supo adornar sus crines de las más frescas azucenas! Dichoso y bravo caballero!

---

[40] Se refiere al personaje de María en la novela del mismo nombre del escritor colombiano Jorge Isaacs Ferrer (1837–1895). *María* se publicó por primera vez en 1867 y se convirtió en un clásico del romanticismo hispanoamericano.

No creáis, compañeros, que no tuvo sus desahogados, sus Bouvard y Pecuchet[41] furiosos, sus bachilleres protestantes. Si no los hubiese tenido no habría sido el poeta que era. Pero su indiferencia noble y sus victorias dieron cuenta de los sembradores de espinas y de nadas. Todo artista de verdad, que tiene conciencia de lo que es, sin engañarse a sí mismo, es inmaculable e intocable, cubierto por su propio diamante.

Los últimos versos de Palma demuestran que en el arte puro y sincero no existen las maneras sino los poetas. Su poesía es tan "actual" como la del más flamante versolibrista, como la del más intenso "moderno". Y es porque pertenece al arte eterno, porque su palabra es cierta y profunda, sacada de su misma entraña, armonizada en su ser íntimo; porque es de las que se escriben "con sangre" como quiere el Loco alemán. [42]Porque no miente, porque no engaña; porque no se disfraza ante los demás, y menos ante su propio espíritu. Porque expresa todo lo que siente, en su ritmo personal.

En un libro de Wilde que acaba de aparecer —*The soul of man*—encuentro esta repetición de una verdad que nunca será bastante repetida: "Una obra de arte es el resultado especial

---

[41] La mención aquí es al escritor francés Gustave Flaubert y su novela *Bouvard et Pecuchet* (1881).

[42] Friedrich Nietzsche.

de un temperamento único. Sus facultades se afirman porque el autor es lo que es. Ella no tiene nada que ver con las otras. Desde que el artista considera lo que los otros desean, y se esfuerza en responder a su demanda, cesa de ser un artista y se convierte en un comerciante de mala fe." Palma ha manifestado siempre su personalidad a su manera, ha puesto en sus versos su música individual, su ritmo interior; ha sido siempre el mismo. De allí su éxito. Si los poetas americanos escribiésemos como Palma, estaríamos en ridículo. Si Palma se propusiese escribir, pongo por caso, a mi manera, dejaría de portar la única diadema que no puede quitarle nadie. Palma conquistó al público, al duro y espeso público; pero no fue porque le hiciese indignas concesiones, antes bien porque supo, órficamente, encadenarle. Hoy la forma de Palma parecerá a algunos *surannée*;[43] mas lo mismo diríase de un romance de Zenea, de un soneto de Góngora, o de un rondel de Ronsard. ¿Y lo que hay adentro no es sangre viva? La copa, además, se labra conforme el capricho de cada artífice, y siendo el vino puro, la embriaguez es la misma. Del propio corazón sale la mejor poesía, o del propio celebro calentados por la vida. Yo no quiero que cultivemos tan solo el fruto de nuestros terruños. Yo no quiero como nuestro inmenso y

---

[43] Pasada de moda.

querido Martí, que nuestro vino sea de plátano.[44] América es tan vasta que en ella cabe todo; y los mostos chilenos saben a los mejores borgoñas.

Saludemos en Palma a uno de nuestros más gloriosos *ancêtres*. El representa una de las más felices iniciaciones intelectuales de nuestra juventud.

En una lejanía sonrosada de ella, cree uno acaso escuchar:

> Ella era un lirio del río
> Blanca y pura cual ninguna,
> Hecha de rayos de luna
> Y de gotas de rocío.
>
> Su mirar
> Era el suave luminar
> De una estrella cuando asoma
> Medio oculta en verde loma
> Ella en su rostro reunía
> Como en espléndida corte,

---

[44] Darío se refiere a la frase de Martí que aparece en el ensayo Nuestra América: "Los jóvenes de América se ponen la camisa al codo, hunden las manos en la masa, y la levantan con la levadura de su sudor. Entienden que se imita demasiado, y que la salvación está en crear. Crear es la palabra de pase de esta generación. El vino, de plátano; y si sale agrio, ¡es nuestro vino!" (OC VI, 20). Tal vez Darío se sintió aludido con la crítica de Martí a la imitación europea, especialmente él que fue tachado de "afrancesado".

A la belleza del Norte

La gracia del Mediodía…

Y tanta cosa de luz y seda!

Con los discursos de Zambrana y los prodigios de Martí y la semilla de instrucción y de bondad que iban dejando por América ilustres pedagogos cubanos, los versos de Palma enseñaron a mi generación a amar a Cuba. Y por Palma conocimos líricamente ese heroico pueblo de Bayamo, y oímos el rumor de su río, y el ruido de sus palmeras. Palma fue el último de los trovadores, el trovador de la libertad y del amor de su patria.

Denos el gentil maestro un libro de su vejez, el de sus póstreros años, que Dios alargue. Florezca el viejo laurel verde. Cante el antiguo ruiseñor.

RUBÉN DARÍO

Anvers, junio, 1906

"J. J. Palma" *El Fígaro. Revista Universal Ilustrada*, año. 12, núm. 29, julio de 1906, p. 369.

SAINT-POL-ROUX [45]

Al Conde Kostia[46]

Para "El Fígaro"

Recuerda usted, mi buen amigo, nuestras antiguas conversaciones sobre el poeta Saint-Pol-Roux-le Magnifique? Era en lo bello de la batalla simbolista; y el Príncipe de las Imágenes y Rey de las Analogías se hacía notar en la liza, por tener ya en su cimera, vistosa entre todas, y ya favorecida por el hijo de Electra: una pluma de Paloma, una pluma de Pavoreal, una pluma de Cuervo. Mientras algunos de segunda fila son hoy modestos funcionarios y otros de primera se

---

[45] En *Letras* (1911), Rubén Darío le dedicó una semblanza al poeta simbolista francés Paul-Pierre Roux (186-1940). El título es el mismo, "Saint-Pol-Roux," pero esta crónica es diferente a la publicada en *El Fígaro* de La Habana. En la crónica de *Letras*, no obstante, el nicaragüense incorpora un fragmento de la del *Fígaro* que comienza con la frase "Este gran despertador" y termina en "la posteridad sabe otorgásnosla" (OC I, 539).

[46] Aniceto Valdivia y Sisay de Andrade (1857-1927), poeta y cronista cubano. Firmaba con el seudónimo de Conde Kostia.

envuelven en política o periodismo, o van hacia la Academia o están en ella, Saint-Pol-Roux ha buscado la orilla del mar bretón, el trato con las olas, con las rocas, con los pescadores, con los pájaros oceánicos, y después de habitar en la Chaumière de Devine, se ha hecho construir un "manoir" cuyas torres se ven de lejos como calcadas en el cielo. Y allí, apartado de la Cosa parisiense, tan linda y tan infernal, vive su vivir de poeta, apacentando sus sueños en las nubes, en el agua, en el aire, o dentro de su gran corazón armonioso.

***

Si se llega a visitarle, he aquí el "manoir de Boultous" que se eleva en lo alto de la costa, y que tiene a sus pies la playa de arena fina y en frente un aislado peñón y a sus costados un erizamineto de menhires. He aquí el perro bueno que recibe con cariño; he aquí la cabra blanca, he aquí el árbol junto a la puerta. Francine, la criada rubia, ha aparecido ya, bajo la máscara griega que decora el umbral. En el salón está la "mesa de armonía,"[47] como diría Robert de Montesquiou; trofeos de armas bárbaras traídos de países lejanos por simbades amigos, cuadros, telas; en el escritorio, blanco y oro, los libros de los poetas fraternales; en el comedor motivos y

---

[47] Darío se refiere a un piano, ya que como dice en su crónica "Pianos y pianistas," "Montesquiou nos ha dicho mil cosas de lo que él llama "la mesa de armonía" (262). Véase Rubén Darío, "Pianos y pianistas," en *Crónicas desconocidas, 1901-1906*, Managua/Berlín 2006, pp. 261-262.

figuras griegas, y en el áureo techo cupular, sobre oro, mil ojos de argos. Y se evoca: *De la colombe a la corbeau, par le Paon.*

Cordial, aparece el soñador, en la fuerza de su pasado cuarentenio. Bien crinado, trajeado de velludo castaño, firme sobre sus zapatos y polainas, avanza ofreciendo su amistad con los ojos sondeadores y amables y la diestra tendida. En la siniestra esta la pipa. Apenas una natural elación se impone en el gesto de varón superior. Como la sala se llena de perfume, de alegría, de música, es que ha llegado Mme. Saint-Pol-Roux. Ella es una parisiense que resume lo encantador de París en la morada del canto, del ritmo, de la idea. Y he aquí a la dulce Divine, flor del Hada; he aquí a los dos aguiluchos, cuyos nombres van entre las páginas paternas, Cecilian y Loredan, robustos, asoleados, vivaces. Si Magnus viviera, serían tres aguiluchos.

***

Este gran despertador de valores del verbo, es sencillo. Este "raro" es familiar. Suele inclinarse un tanto cuando habla, habituado como está a portar sus cargas de pensamiento. Una formidable consciencia de su valer le aísla, indiferente a los vanos esfuerzos de los adoradores del momento. Su espíritu ha descifrado lo hondo de la inscripción del Templo délfico. Y al oído le han hablado: Platón: Lo Bello es el esplendor de lo Verdadero. Goethe: Hay diosas augustas que reinan en la soledad; alrededor de

89

ellas no hay ni lugar ni tiempo; os turbáis cuando se habla de ellas: son las madres! La Bruyère: Aquel que no considera, al escribir, sino el gusto de su siglo, piensa más en su persona que en sus escritos: hay siempre que tender a la perfección, y entonces, esta justicia que nos es a veces rehusada por nuestros contemporáneos, la posteridad sabe otorgárnosla.

--Con tales ensalmos aprendidos se abren innumerables sésamos invisibles.

El meridional que ha cantado tan bellamente a la sonora Marsella, ha extraído de los silencios de Bretaña ricos diamantes de concentración. Asombra la joyería metafórica y el prodigio de combinaciones ideales; es el dominio del iris y la sujeción de todas las gamas; y el volcar de la alandínica mina íntima un inacabable tesoro.

Y es un placer la comunicación fraternal con tal creador de nuevas existencias y conceptos, y mirar por el don amistoso, como la del límpido Moreas, transparente su alma. Tales tratos inmunizan contra la mirada de los basiliscos y las ponzoña de los escorpiones.

"Etre admire rí est rien. L'affaire est d'être aimé",[48] dijo

---

[48] Error de *El Fígaro*. Debe decir : "Être admiré n'est rien. L'affaire est d'être aimé". Los versos corresponden al poeta Alfred de Musset quien los escribió en "Aprés de une lecture" (127) y aparecen transcritos de forma correcta en la crónica con el mismo título que publicó más tarde. Véase el poema en la colección de Alfred de Musset *Œuvres*. Paris: G. Charpentier, 1882, pp. 127-28.

un lírico de sufrimiento. Saint-Pol-Roux ha logrado ambas cosas. Talentos ápteros, eso no os será dado nunca. El odio, la envidia, no comprenden tales preminencias. Es verdad hay que decir que la gloria suprema es tan solo de los puros ante lo Absoluto.

RUBÉN DARÍO
Brest, agosto de 1907

"Saint-Pol-Roux" *El Fígaro. Revista Universal Ilustrada*, año. 13 núm. 36, septiembre de 1907, pp. 441-42.

El HOMBRE DE HIERRO POR R. BLANCO FOMBONA[49]

Tiempo hacía ya que no llegaba a mis manos un libro de Venezuela. Antaño me informaba del movimiento mental de ese país *El Cojo ilustrado*.[50] Mis impresiones últimas se quedan en las marmóreas y finas prosas de Díaz Rodríguez,[51] en las ágiles y fuertes ideologías de Coll,[52] en el diletantismo frugal de Domínici.[53] Y Zumeta?[54] De primer orden, hermanos míos! Y ese gallardo Blanco-Fombona? Ya en otra

---

[49] Rufino Blanco-Fombona (1874-1944), poeta, ensayista y narrador venezolano. Amigo de Darío, quien escribió el prólogo de su poemario *Pequeña Opera lírica* (Madrid: Librería de Fernando Fé, 1904). Blanco-Fombona publicó *El Hombre de Hierro. Novelín* en Caracas (Tipografía Americana, 1907) y más tarde en París, Garnier hermanos [1918], donde incluye esta reseña al final.

[50] *El Cojo Ilustrado* era una revista quincenal venezolana que se publicó entre 1892 y 1915.

[51] Manuel Díaz Rodríguez (1871-1927), ensayista, y novelista venezolano, autor, entre otros libros, de la novela *Ídolos rotos* (París: Garnier, 1901).

[52] Pedro Emilio Coll (1872-1947), político y ensayista venezolano.

[53] Pedro César Dominici (1873-1954). Escritor, ensayista y dramaturgo venezolano. Fue colaborador de *El Fígaro* de La Habana

[54] César Zumeta (1860-1955), ensayista y político venezolano. Su libro más conocido se titula *El continente enfermo* (1899).

ocasión he dicho lo que de sus excelencias pienso. Hoy trato de él, de un libro suyo que acabo de recibir: un "novelín," *El hombre de Hierro*. Diré algo de lo bueno que de él tengo que decir. Lo malo, que se lo digan *los otros!* Diré las cosas con gran cuidado, con mucho cuidado. Porque, si le ofrecéis una rosa, él va directamente a buscarle las espinas. Así es el. Un día le llamé joven, y no fue de su agrado, ¡oh Dios mío! En cambio, me llamó viejo, y no me desagradó, ¡oh, Dios de él!

Hoy he de asegurar que he leído con placer y sin sorpresa su nueva obra, su *De profundis*. Un *De profundis* muy distinto del que escribiera el poeta inglés, pues es más bien un *Gaudeamus*. Así debía ser, pues se trata de diversas complexiones espirituales. El novelín de Blanco-Fombona es una Madama novela. Y el poeta que conocéis, lleno de gustos exóticos, y saboreador de raros manjares, presenta ahora la consabida "tajada de vida" que deben haber estado esperando hace tiempo los aficionados a lo sólido y masticable... Y la tajada de vida que Rufino sirve es nacional, a pedir de boca. Encarcelad a doscientos imbéciles; ya veréis el jugo que podréis sacar. Mas del ruiseñor enjaulado, ya os lo dice la experiencia. Y no os quejéis mucho los que esperábais los colores y los perfumes del verso. La roja flor de la granada es hoy fruto, sabroso fruto. Partidla con cuidado, que tiene su tanino y os podéis macular. Y comed el grano de color, guardándoos de la parte amarga.

**

Si doña Josefa de Linares leyese "El hombre de Hierro" –infeliz hombre de carne, de poca carne!—no dejaría de llamar a la mujer de éste, a la heroína de la novela, una madame Bovary. El bovarismo de María es flagrante. Y tan universal! A este respecto no hay sino estar con la teoría de Jules de Gaultier. La Bovary caraqueña es de todas partes, de todos los climas, y su cabello y sus ojos, pueden ser de cualquier color, oh, murmuradores de las morenas y de las criollas.

El Rufino de los Círculos y de los bulevares de París, el Rufino de las aventuras de Holanda y de Italia, una vez devuelto a su natal tierra, saca el provecho mental a la vida ambiente. Y a mí me place la obra venezolana como la obra europea. Sabe bien Rufino que entre la ambrosía y una arepa –en Nicaragua se llaman tortillas las arepas—yo vacilaría. Sobre todo, con el aditamento de un buen queso blanco, americano, y de madrugada, y en una hacienda... Y de todo esto hay en ese libro, y paisaje y vida criolla y republicana, con política y todo. La prosa, como él la usa, siempre fácil y libre, y hasta libertina, con un si es no es de casticismo castellano, que viene de raza. ¿No es acaso Caracas una ciudad académica?

No creo que la psicología de los personajes no sea un tanto observada. Seguramente el autor ha conocido a más de uno de sus tipos, pues la vitalidad de tales denuncia la existencia del modelo. Con todo, supongo figura de excepción la de la pecadora esposa del "hombre de hierro," en un medio donde las tradiciones de honestidad de los buenos tiempos se conservan para ventura de los hogares y tranquilidad social.

A pesar de la chatura burguesa del asunto, el lírico que hay en Blanco-Fombona, se revela en señaladas páginas poemales, de armoniosa belleza y de emoción honda, como la que comienza: "De tiempo en tiempo el Ávila bramaba como un león." Son párrafos "bien rugidos," mi querido Rufino.[55]

No sé por qué, o sí sé por qué, toda obra de este nervioso y brillante venezolano me parece obra de combate. Aun en sus poesías de artista errante, de trovador aventurero o de rimador caprichoso, encuentro siempre el gesto del combatiente. Es a causa de su temperamento, de sus ímpetus

---

[55] El 7 de marzo del 1911, Darío escribió un artículo para *La Nación* de Buenos Aires donde habla de dos libros de Fombona, entre ellos, *El hombre de Hierro*. La crónica se titula "Letras venezolanas. Blanco-Fombona. 'Au-delà des horizons'. 'El hombre de hierro'", y en ella incluye este párrafo y los dos próximos de la reseña que escribió para *El Fígaro*.

quizá excesivos. Y la culpa no la tiene Zarathustra,[56] sino el ordenador de las almas y de las mentes que pone el destino de los hombres en las corrientes de sus nervios, en las células de sus cerebros, en los hornos más o menos caldeados en que se inician sus voliciones.

Si su mucha savia le exaspera entre las asperezas inevitables de la existencia, halla un ejercicio de renovación moral y de gimnasia de la mente, en largos y dilatados revuelos de fantasía, o en el auto dominio de la voluntad por el método en la labor de su predilección. Hay que saber que ese caballero atorbellinado que parece tuviese escrito en su escudo como simbólica palabra el "ivhim" emersoniano, acostumbra, entre los placeres y los combates, dedicarse a verter su alma en la blancura del papel, por la punta de su pluma. Alguna vez he dicho que su tiempo más que el actual, habría sido el de los artistas y hombres del Renacimiento italiano. No se debe apurar mucho de la equivocación de su suerte y del anacronismo de su nacimiento, supuesto que, como lo parece, lleva consigo y por todas partes su ensueño, que tiene la rica aleación de una envidiable voluntad.

Siempre será el mismo, en consulados entre los

---

[56] Se refiere al libro del filósofo alemán Friedrich Nietzsche: *Así habló Zaratustra* (1892).

bárbaros del Norte, en las alegrías venecianas y florentinas, en los cafés de París, o en las vagas o terribles Baratarias que le han causado momentos de tragedia. Por lo menos, demuestra a la continua su agitación de humano activo, su deseo de conquistador, su amor al himno y su necesidad de la acción.[57] Me imagino que habría sido muy del agrado de sus compatriotas don Francisco de Miranda y don Simón Bolívar.

Rufino es de los que han nacido para realizar grandes cosas ("más allá del Bien y del Mal" si gustáis); y las realizará, como no llegue antes el instante que corta el vuelo de los más fuertes cóndores, o impide el salto de los más hermosos leones.

RUBÉN DARÍO

París, 1907

"*El hombre de hierro*" por R. Blanco-Fombona. *Revista Universal Ilustrada*, año. 13, núm. 24, 1907, p. 280.

---

[57] Después de esta frase, Darío dice en *La Nación* "tal dije, tal certifico, y ratifico" (7) refiriéndose con toda seguridad a este artículo.

PICHARDO[58]

Pichardo:

Muy querido amigo, muy querido poeta:

Gracias por su soneto tan generoso como bello. Lo envío hoy mismo a Madrid, en donde aparecerá, sea en *Renacimiento* o en *Sagitario*.

Los sembradores de ortigas no cuentan con que provocan verdores de palmas. Por eso es hermoso tener contra sí ciertas hostilidades. Y usted, como yo, sabe de

---

[58] Manuel Serafín Pichardo, el editor de *El Fígaro*, publicó en 1907 *Canto a Villaclara* (La Habana: Imp. de Ruiz y Hno., 1907), un libro de versos patrióticos que le envió a Darío, y el poeta le respondió con una breve carta que reprodujo Alberto Ghiraldo en *El Archivo de Rubén Darío* (Buenos Aires: Editorial Losada, 1943, pp. 543). En la misma colección Ghiraldo publicó otra que le envió el poeta al editor cubano, pero no reprodujo este mensaje.

eso...!

Pronto le enviaré algo sobre Zambrana.[59]

Un abrazo de su

RUBÉN DARÍO

París 16 mayo, 1907

"Pichardo" *El Fígaro. Revista Universal Ilustrada*, año. 13, núm. 24. junio de 1907, p. 282.

---

[59] Se refiere a Antonio Zambrana y Vázquez (1846-1922), escritor cubano que ejerció gran influencia en los inicios de su carrera. A Zambrana, el autor de *Azul...* le dedicó un breve artículo con motivo de la llegada del cubano a Costa Rica en 1891, donde lo llama "padre intelectual" (OC II, 117).

FIGURAS DE AMÉRICA --MANUEL GONDRA.-- NUEVO PRESIDENTE DE PARAGUAY.

Después que había visto a Montoro con su levita inglesa, a Lanuza con sus espejuelos sabios y a Gonzalo de Quesada con su melena material e intelectual, en aquellos día [sic] de Río Janeiro, no había complacencia para mi espíritu como ir, en unión de nuestro amigo Decour, a sentir la palabra platónica de Manuel Gondra,[60] hoy seguramente para tristeza suya, elegido Presidente de Paraguay.

Tenía para mí el motivo simpático de haber

---

[60] Manuel Gondra Pereira (1871–1927), político paraguayo nacido en Argentina. Fue presidente de su país en dos ocasiones. Escribió un ensayo titulado "En torno a Rubén Darío" donde discute el prólogo que escribió el nicaragüense para *Prosas profanas* (1896). En él, es cierto, que lo critica "terriblemente" ya que entre otras cosas sostiene que "los modernistas de América no han aportado nada nuevo, ni al acervo de la estética universal, ni al de la técnica literaria castellana" (170). El artículo apareció en 1898 en el periódico *La Democracia* y al año siguiente en la *Revista del Instituto Paraguayo* (año 2, núm. 17, 1899, pp. 167-201).

combatido mi literatura terriblemente, pero de manera gentil. Mas los distintos puntos de vista se explicaron cuando nos conocimos y no hubo rasgo de letra ni materia de poesía que no encontrara en nuestras mentes una explicación o un mutuo conocimiento.

Siempre reservado, siempre grave, siempre observando la persona con quien conversaba como viendo y conociendo las almas y, cuando hablábamos de asuntos literarios, se le animaban los ojos. Si hablábamos de Martí confundía la gloria del patriota con la del hombre de letras y vibraba su alma y había en su palabra verdor de laureles y resplandor de espadas.

El Paraguay no necesita laureles. Su guerra ilustre y terrible atrozmente comentada por Carlyle, le bastaría para figurar en la inmensa Ilíada de las naciones. Allí donde se acabaron los hombres por épica obligación de pelear y en donde las mujeres mandaban a sus niños a la campaña, tiene que haber un sedimiento [sic] de patriotismo que ha hecho brotar hombres de Estado semejantes a la persona en que me ocupo.

Cuando su pueblo le ha elegido, ha visto la virtud de su vida reconocida por todos aquellos hombres de América que estaban en Río Janeiro en los momentos de que hablo. Parco de palabra, hondo de idea, socialmente gentil, con una cultura literaria que en pocos profesionales he conocido, con la ciencia que da el estudio meditado y el arte que se adquiere con la contemplación del infinito, me lo imaginé un maestro de los que ocupan un sillón en la Academia Francesa. ¡Gracias sean dadas a Dios, puesto que ese sillón es el de la Presidencia de la República del Paraguay, en donde este varón eminente puede hacer tanto por su país, y aún por su raza!

Quiera aceptar este recuerdo que le envía, desde EL FÍGARO de la Habana, su amigo de siempre.

RUBÉN DARÍO

Habana, 1910

"Figuras de América. Manuel Gondra, nuevo presidente de Paraguay" *Fígaro. Revista Universal Ilustrada*, año. 26, núm. 50, 1910, p. 655.

UNE LETTRE DE M. RUBEN DARIO, ENVOYÉ SPÉCIAL DE LA NACION, DE BUENOS-AYRES

Monsieur le Directeur,

Permettez-moi d'ajouter quelques détails aux renseignements que vous avez publiés, dans votre dernier numéro, sur le journal "La Nacion" [sic] de Buenos-Ayres.

Non seulement, comme vous l'avez fait remarquer, ce grand organe sud-américain stimule le mouvement intellectuel national, mais encore il s'est assuré dés le début de son existence, voici plus de trente ans, la collaboration assidue des maîtres du journalisme et de la pensée moderne dans les principales nations de l'Europe.

Parmi les correspondants ou collaborateurs attitrés que "La Nacion" a eus ou compte encore à son service, je mentionnerai Castelar, Flammarion, Henry Fouquier, Jules Claretie, Max Nordau, Anatole France, Hugues Le Roux,

Edmondo de Amicis, Ferrero, Lombroso, Schimpes,[61] Elisée Reclus, etc.

Nous pouvons inclure dans cette liste Lord Charles Beresford et l'héroïque José Martí, qui n'abandonna ce journal que pour se vouer corps et âme aux préparatifs de la révolution cubaine.

Peut-être se souvient-on encore du duel que le regrettée Paul Foucher, neveu de Victor-Hugo, eut à Paris à cause d'une des ses lettres à "La Nacion".

Quant au roman *Travail*, dont vous parlez, ce n'est pas le premier d'Emile Zola qui se publie simultanément à Buenos-Ayres et à Paris. En effet, "La Nacion", qui a un traité spécial avec le célèbre écrivain, a donné en feuilleton, dans les conditions susdites, le *Rêve*, la *Débâcle*, le *Docteur Pascal*, *Lourdes*, *Rome*, *Paris* et *Fécondité*. It en fut de même avec les dernières œuvres d'Alphonse Daudet.

Il est un point sur lequel je voudrais insister et c'est le rôle intellectuel joué par "La Nacion" dans l'Amérique du Sud. Ouverte à tout les talents, sans distinction d'écoles, elle a contribué dans une vaste mesure au renouvellement des lettres et de la pensée, et, grâce, á elle, et á ses collaborateurs, les noms de Verlaine, Mallarmé, Moréas, Rachilde, Tailhade, Albert Samain, Mauclair, etc., sont devenus familiers des rives

---

[61] Debe decir Schimper.

de La Plata aux côtes du Pacifique, et la jeune littérature hispano-américaine a dû accueillir la collaboration de M. Remy de Gourmont à ce journal comme celle d'une maître déjà son ami.

Veuillez agréer, Monsieur le Directeur, l'hommage de mes sentiments distingués.

RUBÉN DARÍO

Paris, 18 de mars 1901.

"Une lettre de M. Rubén Darío" *Mercure de France* (Abril/Juin 1901), pp. 283-284.

UNA CARTA DE M. RUBÉN DARÍO, ENVIADO ESPECIAL DE LA NACIÓN, DE BUENOS AIRES. (TRADUCCIÓN)

Señor Director:

Déjeme agregar algunos detalles a la información que usted publicó, en el último número, sobre la revista "La Nación" de Buenos Aires.

No solamente, como usted ha señalado, ese gran órgano sudamericano estimula el movimiento intelectual nacional, pero también se aseguró desde el inicio de su existencia, hace más de treinta años, la colaboración asidua de los maestros del periodismo y del pensamiento moderno en las principales naciones de Europa.

Entre los corresponsales o los colaboradores acreditados que "La Nación" ha tenido a su servicio, mencionaré a Castelar, Flammarion, Henry Fouquier, Jules Claretie, Max Nordeau, Anatole France, Hugues Le Roux, Edmondo de Amicis, Ferrero, Lombroso, Schimpes, Elisée Reclus, etc.

Podemos incluir en esa lista a Lord Charles Beresford y al heroico José Martí, quien dejó la revista para dedicarse en cuerpo y alma a los preparativos de la revolución cubana.

Tal vez todavía recuerde el duelo que el finado Paul Foucher, sobrino de Víctor-Hugo, tuvo en París a causa de una de sus cartas de «La Nación» .

La novela *Travail,* de la que usted habla, no es la primera de Emile Zola que se publicó simultáneamente en Buenos - Aires y en París. En efecto, "La Nación" que tiene un trato especial con el célebre escritor, publicó en serie, bajo las condiciones ya dichas, *Sueño, Debacle,* el *Doctor Pascal, Lourdes, Roma, París* y *Fecundidad.* Lo mismo ocurrió con las últimas obras de Alphonse Daudet.

Hay un punto sobre el que quiero insistir y es el papel intelectual jugado por "La Nación" en la América del Sur. Abierta a todo los talentos, sin distinción de escuelas, ella ha contribuido en gran medida a la renovación de las letras y del pensamiento, y, gracias, a ella, a sus colaboradores, los nombres de Verlaine, Mallarmé, Moréas, Rachilde, Tailhade, Albert Samain, Mauclair, etc se han vuelto familiares desde las orillas de La Plata a las costas del Pacífico, y la joven literatura hispanoamericana dio la bienvenida a la colaboración de M. Remy de Gourmont a este periódico como el de un maestro que ya es su amigo.

Por favor, acepte, Señor Director, el tributo de mis distinguidos sentimientos

RUBÉN DARÍO

París, 18 de marzo de 1901.

JORGE CAMACHO es profesor titular e investigador de Literatura Hispánica y Estudios Comparados de la University of South Carolina, Columbia. Es autor de *Etnografía, política y poder: José Martí y la cuestión indígena* (UNC Press, 2013), *Miedo negro, poder blanco en la Cuba colonial* (Iberoamericana-Vervuert, 2015), y otros tres libros con crónicas inéditas de José Martí. En el 2018 la editorial Iberoamericana-Vervuert publicará también su ensayo: *Amos, siervos y revolucionarios: La literatura de las guerras de Cuba (1868-1898).Una perspectiva transatlántica.*